德鲁克经营管理的本质

［日］国贞克则 著

宋佳璇 译

ドラッカーが教えてくれる「マネジメントの本」

中国科学技术出版社
·北 京·

DRUCKER GA OSHIETEKURERU MANAGEMENT NO HONSHITSU written by
Katsunori Kunisada
Copyright © 2022 by Katsunori Kunisada
All rights reserved.
Originally published in Japan by Nikkei Business Publications, Inc.
Simplified Chinese translation rights arranged with Nikkei Business Publications, Inc.
through Shanghai To-Asia Culture Co., Ltd.

北京市版权局著作权合同登记　图字：01-2022-4012。

图书在版编目（CIP）数据

　德鲁克经营管理的本质 /（日）国贞克则著；宋佳璇译 . — 北京：中国科学技术出版社，2023.4
　ISBN 978-7-5046-9909-1

　Ⅰ . ①德… Ⅱ . ①国… ②宋… Ⅲ . ①德鲁克（Drucker, Peter Ferdinand 1909-2005）—管理学—思想评论 Ⅳ . ① C93-097.12

中国国家版本馆 CIP 数据核字（2023）第 030080 号

策划编辑	申永刚　何英娇	责任编辑	孙倩倩
封面设计	创研设	版式设计	蚂蚁设计
责任校对	张晓莉	责任印制	李晓霖

出　　版	中国科学技术出版社
发　　行	中国科学技术出版社有限公司发行部
地　　址	北京市海淀区中关村南大街 16 号
邮　　编	100081
发行电话	010-62173865
传　　真	010-62173081
网　　址	http://www.cspbooks.com.cn

开　　本	880mm×1230mm　1/32
字　　数	110 千字
印　　张	5.75
版　　次	2023 年 4 月第 1 版
印　　次	2023 年 4 月第 1 次印刷
印　　刷	北京盛通印刷股份有限公司
书　　号	ISBN 978-7-5046-9909-1/C・218
定　　价	69.00 元

（凡购买本社图书，如有缺页、倒页、脱页者，本社发行部负责调换）

前言
PREFACE

本书旨在帮助你掌握管理的全局与本质，将所学所思运用到实际工作中，从而带领组织取得卓越成果，助力员工的个人成长。

用更简单的方式来说，我希望你能从本书中获得启发，成为受人拥戴的领导。将来，下属对你的评价是："那个人真是一位优秀的领导！虽然上班很辛苦，但我在他身边工作时，感到很充实。"

围绕领导力、教练（coaching）、沟通等领域，现今已有一大批图书问世，网络上的碎片化信息也层出不穷，想必人们一定能够从中获得参考。不过，浏览这些内容，也并不代表人们就洞悉了管理的全貌。

有一些面向中层管理者的图书也在陆续出版，但不同作者撰写的书，其论点也莫衷一是。比如，有的书提倡赞美员工，有的书则完全相反，从而让人无法判断什么才是管理的本质。

当被问到"管理要做什么"，你会如何回答呢？如果你无法信心十足地回答上来，这本书可以为你解答。

本书的观点主要来自德鲁克管理学。我于美国的彼得·德鲁克管理研究生院❶取得了工商管理硕士学位（MBA）。在此后的十余年里，我一直从事德鲁克管理学的管理培训讲师工作，主要面向日经商学院❷、东京都政府的新任课长❸，并兼任德鲁克管理学的应用咨询顾问。从这些经历中，我可以肯定地说："在你理解了德鲁克管理学并付诸实践后，组织与员工都会发生令人震惊的改变。"

德鲁克被誉为"现代管理学之父"，是历史上第一位将管理学全面系统化的人物，也是一位洞察事物本质的天才。有许多成就斐然的企业家、享有盛名的咨询顾问都会频繁引用德鲁克的名言，原因就在于其揭露了事物的本质。

德鲁克对许多公司都产生了深远影响。有很多知名企业家都谈到自己借鉴了德鲁克思想，例如亚马逊公司创始人杰夫·贝佐斯（Jeff Bezos）、谷歌公司前首席执行官埃里克·施密特（Eric Schmidt）……

进一步而言，正因为现在正处于一个巨变的时代，人们才更加需要德鲁克的指引。当下，汽车产业可谓迎来了

---

❶ 克莱蒙特研究生大学（Claremont Graduate University）坐落于美国加利福尼亚州，彼得·德鲁克管理研究生院是其下设的管理学院，现正式更名为"彼得·德鲁克-伊藤雅俊管理学院"。
❷ 指日本经济商学院（Nikke Business School）。——编者注
❸ 课长，即部门主管。——编者注

百年未有之大变局。不仅如此，其他众多产业也面临着时代的风云变幻，随之而来的还有新冠疫情的冲击。

在这种巨变的时代浪潮下，什么才是人们赖以生存的法则？答案就是，在时代更迭中亘古不变的事物本质。如今，人们处于一个瞬息万变的时代，事物的本质极其重要。

有很多企业家和咨询顾问认为"学管理，就读德鲁克"。不过我的看法是，即便人们直接阅读德鲁克的著作，也很难理解何为管理。

德鲁克的著作往往给人一种富有哲学性、有些晦涩难懂的印象。不过，我的强项正是将复杂的领域简明易懂地解释清楚。我撰写的一本书在日本销量超80万册，荣登最佳畅销书榜，这也归功于我对复式记账法——这个大家普遍感到头痛的领域进行了通俗易懂的讲解。在本书中，我也会用简明扼要的方式为你解说看似复杂的德鲁克管理学。

即便人们直接阅读德鲁克的著作，也很难理解何为管理，其原因之一是：德鲁克的主要作品自始至终都在阐述一个主题——统筹事业全局。例如，德鲁克的代表作《现代经营》[1]（钻石社）、《管理：任务、责任、实践》[2]

---

[1] 该书的中译本为《管理的实践》。——编者注
[2] 该书的中译本为《管理：使命、责任和实践》。——编者注

（钻石社）等书都是从事业目的、营销、创新等事业全局的管理谈起的。

相比之下，本书则聚焦于"管理人员与工作"，在诸如经营战略、营销、创新等事业管理方面花费的笔墨较少。

我将本书的目标读者明确定位为组织中的"中层管理者"（middle manager）。本书围绕"管理人员与工作"展开，从第一章开始由浅入深地进行讲解。读完本书，你便能一目了然，身为一名中层管理者应该做哪些事。

不过，本书中使用的是"管理者"，而非"中层管理者"这种说法。除企业外，本书的目标读者还包括公共机构、非营利组织（NPO）中的管理者。

本书的有效使用方法是：组织3~4名与自己处境相同的人一起阅读这本书，并在阅读完每一章后，以小组形式开展集中讨论（线上会议也可以）。然后每个人分别在工作中实践本书内容，并与大家分享自己的实践经历。

这本书以我在日经商学院讲授的管理培训内容为基础，并增加了部分内容。在管理培训中，我通常会按照3~4人小组的形式摆放桌椅，并在课上让参加者分组讨论与管理有关的各种话题。这样的集体培训有很多好处。

首先，集体培训能够让人们认识到自身的眼界狭窄。在管理下属这件事情上，有时你听了其他人的意见后，就会意识到，原来自己一直局限在多么狭隘的思维或价值观当中。

其次，对于我在培训中所讲的内容，由于每个人的思维方式、价值观和身处的环境不同，顿悟之处会因人而异。当遇到与自己不同的新的观点时，人们往往会从中受到启发。正如当人们听到别人的意见时，常常会发现别人的关注点正是自己的盲点。

再次，许多管理者都会有一些烦恼，比如对绩效感到压力，苦恼于下属不按照自己的想法行动，或担心下属怎样看待自己。通过参加培训，你会发现自己不是孤身一人，其他人也有着相同的压力或烦恼，从而卸下心头的重担。

不管是在同一家公司任职同一岗位的同事也好，在其他公司与自己有着相同处境的旧交也好，我衷心希望大家可以创建3~4人小组，共同阅读，一起探讨这本书中的内容。如果本书能够成为你们的"共同体验"❶，比如小酌时的幽默段子，那就再好不过了。

事实上，3~4人的人数规定也是值得注意的。德鲁克曾说："管理（management）的'管理幅度'最多为6~8人……团队则应以5~6人为上限。通常情况下，3~4人最好运作。"

在小组讨论中，如果成员超过5个人，则容易分成几

---

❶ 后文将详细阐述"共同体验"的重要性。

组，或出现有人发言变少的情况。如果成员只有2个人，则无法保证意见的发散性。从迄今为止的培训经验来看，我个人感觉合适人数是3~4人，既能保证一定程度的意见发散，又能让所有人积极地参与讨论。

我将在第二章结尾再次说明这本书在小组中的具体用法。虽然让你在阅读完每一章后开展小组集中讨论，但实际上，到第二章结束之后才会出现小组合作的内容。因此，请你先独自阅读，到第二章结尾出现第一个小组讨论时，再决定是继续一个人阅读这本书，还是喊上伙伴一起讨论。

人人都能学习管理者的工作。我衷心希望你能够通过这本书掌握管理的全局与本质，在职场中践行，从而带领你的组织取得卓越成效，助力员工蜕变成长。

国贞克则

目　录
CONTENTS

第一章　俯瞰管理全局，成为卓越管理者 / 001
　　站在巨人的肩膀上 / 004
　　运用宏观思维，明确管理者的职责 / 008
　　人人都知道，怎样才是优秀的管理者 / 022

第二章　到底什么才是沟通 / 027
　　在思考沟通的本质之前 / 029
　　沟通的本质 / 032

第三章　知人善用，唯才所宜 / 051
　　为什么用人如此重要 / 053
　　知人善用，你需要知道这些事 / 057
　　身为管理者，什么才是最重要的 / 075
　　向上管理 / 080

第四章　激励与目标管理 / 091
　　在思考激励之前 / 093
　　德鲁克关于激励的看法 / 098

"目标管理"的真正含义与具体实践 / 109

第五章　领导者的职能与领导力 / 129
组织领导者的要务 / 131

什么是组织的领导者 / 134

第六章　解决管理者的烦恼 / 149
大多数管理者的共同烦恼及解决对策 / 151

公共机构取得成效需掌握的六条法则 / 155

站在哪位巨人的肩膀上 / 157

德鲁克想说的话 / 160

后记 / 165

第一章

俯瞰管理全局,成为卓越管理者

我在做管理培训时，最开始会向学员抛出一个问题："管理要做什么？"对此，能直接答上来的人并不多。请想一想，如果你被问到同样的问题，会如何回答？

想必现在手捧此书的都是正在从事管理工作，或今后将要从事管理工作的人。对此我的看法是，管理者如果不明白"管理究竟是什么"，就无法理解自己身为管理者的职责。

对于"何为管理"这一问题，人们无法清晰地回答，我认为其原因之一就是："かんり"（管理）并非日语中的固有单词。

虽然在大多数情况下，英语中的"management"（管理）翻译为日语的"かんり"，但"かんり"本义并不是"管理"。事实上，日语中没有与"management"对应的词。

用有些英英词典检索"manage"，出现的第一个词是"control"，以及其他非管理性质的词。"manage"的本义是"想方设法地达到某种目的"。

在欧美国家，用"manage"来形容一些高管的工作，可以说是再贴切不过了。举个例子，使用某种方法在A身上取得了良好的管理效果，生搬硬套到B身上，却效果不佳。这是因为人们在能力、性格、价值观等方面各不相同。

管理在工作中的重要性不言而喻。回想自己的工作内容，其实你绝大多数的时间都在做"计划"与"进度管理"。在过去与管理有关的研究中，"指令式管理风格"也是早期热门的研究课题。[1]

管理十分重要。但人越受他人管束，越会失去动力。

那么，我们如何才能直击"何为管理"这一问题的本质呢？从自身的经历与思考中洞察事物的本质，无疑十分重要。不过事实上，这种方法并不容易使我们看清本质。

发现万有引力规律的著名科学家——牛顿，曾用"站在巨人的肩膀上"来说明自己的成就是基于其他科学家的成果而取得的。

连牛顿这样的天才科学家都是如此，你不妨也先怀着谦逊的心，汲取前人的智慧结晶，当你学习并理解了管理的本质后，再融入自身的经验与想法。

站在巨人的肩膀上

德鲁克管理学的影响力

本书的观点以德鲁克管理学为依托。自从回国从事

---

[1] 法约尔提出的管理五大职能：计划、组织、指挥、协调和控制。

咨询工作，我便感受到了德鲁克管理学的影响力。如今的我坚信："只要你理解了德鲁克管理学并付诸实践，组织与员工就都会发生令人震惊的改变。"

我想介绍一位客户的案例。该客户是一家日本制造商的销售子公司。

如图1-1左侧所示，该公司的员工人数约150人，年销售额约200亿日元。在过去20年中，该公司以每年大约20亿日元的速度持续亏损。

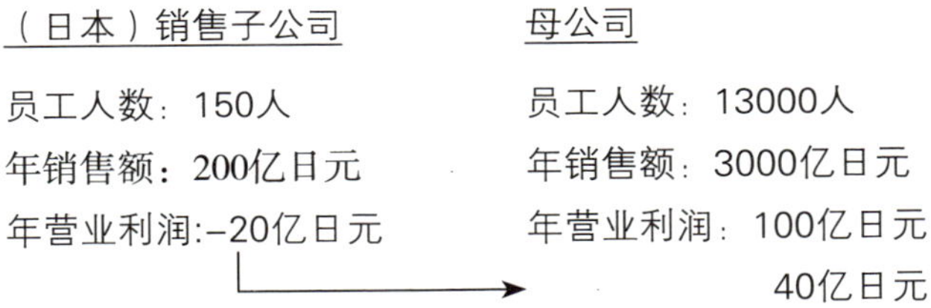

<u>（日本）销售子公司</u>　　母公司

员工人数：150人　　　　员工人数：13000人

年销售额：200亿日元　　年销售额：3000亿日元

年营业利润：-20亿日元　年营业利润：100亿日元

　　　　　　　　　　　　　　　　　　40亿日元

图1-1　德鲁克管理学的影响力

该公司的母公司如图1-1右侧所示。母公司的全球员工总数约13000人，年销售额约3000亿日元，营业利润约100亿日元。

正是这个每年亏损约20亿日元的子公司，在总经理带领全体员工学习并实践德鲁克管理学后，摇身一变成为每年创造出约40亿日元营业利润的企业。

在子公司的总经理实践德鲁克管理学后，子公司业绩转好，最让他感到欣喜的是：所有员工都变得能够积极主动、充满活力地工作了。

这令我倍感惊讶。将德鲁克管理学付诸实践，组织与员工竟会发生如此之大的改变。随后，我便想到了德鲁克的这句名言。

如果不同组织之间存在实质性的差距，那么其差距往往在于组织中的人员能创造多少成果……抛开人不论，不同组织在经营资源的使用方法上相差无几。在所有经营资源中，人的使用率最为低下。人的潜力几乎都被埋没了，而没有在工作中发挥作用。

任何一个国家和地区都有业绩斐然的公司，并且这些公司基本都在做着一些相同的事情。德鲁克总结了这些在实践中卓有成效的管理方法，将其精髓归纳为德鲁克管理学。

说到近年来业绩强劲的公司，我觉得亚马逊公司、谷歌公司和日本星野度假村等都在按照德鲁克说的方法进行管理。更确切地说，应该是这些公司的管理者都看清了事物本质，遵循了正确的经营之道，才实现了蓬勃发展。

回到刚才提到的那家业绩触底反弹的子公司。该公司的总经理曾对我说："学习德鲁克管理学后，我的收获就是对自己的管理不再感到犹豫或迷茫了。"这或许也归功于德鲁克管理学汇集了一切成功实践的本质。

异曲同工的德鲁克思想与日本人的商业观

实际上,德鲁克思想与日本人的商业观极其相似。让人们站在前人的肩膀上,通览日本人的传统商业观。

- 财富与道德相辅相成
- 卖家、买家和社会,三方皆利
- 勤于德者,不求财便能自生
- 道德与经济合一论

我想,只要是日本人,就一定在哪里听过上面这些观点。在日本人的商业观中,道德与经济是密不可分的。

我出生在冈山县的乡下。儿时祖父母对我的教诲时时响在耳畔,"做好事,钱自来""人追钱跑,越追越穷"。这些教诲也体现了他们的商业观。

那么,德鲁克是如何定义组织目的的呢?他曾说:"企业的目的只有一个,就是创造顾客。"这是一句尽人皆知的名言。但想要领会其中的含义,仅靠这句话或许还不够。如果你读了本书的第一章,便能明白德鲁克思想与日本人的商业观的异曲同工之处。

德鲁克思想与日本人的商业观极其相似。在我看来,德鲁克归纳了管理的本质,其思想能够渗透到日本人的内心深处。

运用宏观思维，明确管理者的职责

德鲁克管理学的全貌

理解德鲁克管理学，必须掌握两个前提

下面，请大家一起思考管理者的职责。如果你想洞察事物的本质，就必须在聚焦目标本身之前，以更高的站位、更广的视野来俯瞰事物。

这是理解事物本质的关键。德鲁克管理学经久不衰的一个原因就是：德鲁克把管理看作宏观社会中的一种功能，并在浩瀚的历史长河中看到了它的本质。如果用狭隘的眼光看待事物，很快就会与本质失之交臂。

在正式解说管理者的职责之前，我想先从德鲁克管理学的"统筹事业全局"中思考这一问题。

你也许会想：比起解释德鲁克管理学的全貌，我更希望你能快点儿讲一下管理者的职责。但是，了解德鲁克管理学的整体观点，对于未来大家的工作一定会有所裨益。介绍德鲁克管理学整体观念的篇幅较长，请你耐心阅读。

正如前言所述，许多企业家、顾问都认为"学管理，就读德鲁克"。但如果人们实际阅读德鲁克的著作，就会感觉这些书哲学气息浓厚，有些晦涩难懂。我在第一次阅读德鲁克的书时也一知半解。

直到如今，我才逐渐看清了德鲁克管理学的全貌。我认为要想理解德鲁克管理学，就必须知道以下两个背景：

第一，德鲁克一生中都在不断思考"人要如何获得幸福"，尤其是"人在工作中获得的幸福"。关于这一点，我将在后面详细说明。

第二，德鲁克自诩为"社会生态学家"，他认为"社会是一种生物"。

仔细一想，的确如此。社会既不是一片废墟，也不是高楼大厦的聚集地，社会是人的集合。从这个意义上来说，社会就是一种生物。

《管理：任务、责任、实践》是德鲁克管理学的集大成之作，原书厚达800页，一般人很难读完这本书。因此，很多人初学德鲁克都是从这本书的摘要版——《管理：基本与原则（精要版）》❶（钻石社）入门的。

《管理：基本与原则（精要版）》的正文第一行写道："企业及其他任何组织，都是社会中的机构。"其正文从一开始就非常难懂。然而，其正文中"机构"这个词译自原书中的"organ"，日语中指器官，即肺、心脏

---

❶ 该书的中译本为《德鲁克管理思想精要》。——编者注

等。当我了解到德鲁克有意使用"organ"一词形容组织时,我似乎明白了他的用意。换句话说,其目的不在于组成生物的每一个组织和器官本身。

如果我们拿人体举例,你就会马上明白。人体是有生命的,由肺、心脏等器官组成。

肺作为人体组成的一部分,其目的却不在于肺本身,而在于给人体输送氧气。心脏的目的也不在于心脏本身,而在于使血液在人体里循环流通。因此,对于组成人体的各种器官来说,它们的目的都不在于其本身。

社会也是一种"生物",社会由企业、团体等构成。对于构成社会这种生物的企业和团体来说,它们的目的也不在于其本身。

医院并不是为了医生或护士而存在的,而是为了给患者治病;公共机构不是为了公务人员而存在的,而是为了帮助受益者。

那么,民营企业也是组成社会的一部分,其目的会在组织之中吗?德鲁克认为,民营企业的目的绝不是创造利润。组织的目的在组织之外。所有组织肩负的使命都是为社会做出贡献。

德鲁克建立的管理体系

接下来,我将基于"社会中的组织"的观点,来阐释德鲁克建立的管理体系。德鲁克认为,所有组织均有以下

"三项任务"：

（1）实现目的与使命
（2）提高生产力
（3）履行社会责任

每一个组织都有着自己独特的目的与使命。对制造、销售汽车的企业来说，它的目的和使命就是汽车的生产与销售；对生产与销售拉面的企业来说，它的目的和使命就是生产与销售拉面。

提高生产力实际上有着多重含义。这正是本书的主题——"管理者的职责"的关键所在。这一点我会在后面详细解释。想要从整体上理解德鲁克管理学，从生产力入手更加容易，因此接下来我想稍微花些篇幅谈一下生产力。生产力较低的企业无法生存，这一点对民营企业来说更是如此。生产力低下的企业只能以较高价格提供相同的商品或服务，所以无法在竞争中存活下来。事实上，提高生产力对于公共机构来说，同样是一项重要考验。

一个组织需要履行的责任是多种多样的，包括企业社会责任（corporate social responsibility，CSR）、可持续发展目标（sustainable development goals，SDGs）等。这些项目在近几年才开始受到关注，但实际上早在大约70年前，德鲁克就已经提出了。

不过，由于本书聚焦于管理者的职责，因此我会从上述观点出发，阐明个人级别的"社会责任"。

不管从事什么工作，只要你是经验丰富的人，就必须遵守一个原则——"绝不明知其有害而为之"。

人经常遭遇失败。不过，如果一个人兢兢业业、拼尽全力后依然遭遇失败，人们往往就会对他多一些宽容。这是因为大家都明白，人是一种愚昧的、不完美的生物。

但是对于明知其有害而为之的组织或员工，民众和社会却不会手下留情。三菱汽车公司油耗造假的丑闻、神户制钢所数据篡改案、日本邮政集团违规销售保险商品的问题……其共同错误在于：明知其有害而为之。

上述问题与每一个人都息息相关。道德与伦理观深深根植于德鲁克管理学之中，同时与日本老一辈人的商业观念有着很大的相通之处。

下面我们来重点看一下民营企业。德鲁克曾说过，民营企业的目的并不是利润。那么，民营企业的目的到底是什么呢？

德鲁克是这样解释的："企业的目的在每一家企业的外部。企业是社会机构，其目的也在社会之中。关于企业目的的定义只有一个，那就是创造顾客。"

当我听到"创造顾客"一词时,我感到有些奇怪,德鲁克为什么要用这种标新立异的说法呢?难道不能说"满足顾客"吗?社会上有许多公司都打着"顾客至上"的旗号,在工作中始终将满足顾客放在第一位。正在阅读此书的读者,你们的公司情况如何?

德鲁克认为,"满足顾客"这一说法是行不通的。其中一个理由就是"社会是一种生物"。生物的最大特征就是变化。社会是不断变化的,没有人能够预料到这种变化的走向。如果一家公司要在这种充满变化和不确定性的社会里存活,那么满足顾客就太迟了。企业必须亲手创造顾客。

满足顾客行不通的第二个原因是,顾客并不了解自己的真实需求或欲望。畅销产品都是按照客户的要求生产出来的吗?便利店、快递系统等,都是顾客自己设计、想象,让企业开发出来的吗?

假如我们去问顾客,就知道他们未必能够开发出新的商品或服务。就这些企业提供的产品或服务而言,企业拥有的信息、知识和经验比起顾客要丰富得多。只有提供顾客未曾期待、未曾要求、意想不到的产品,我们才能说这是一个成熟的组织。

对于员工来说也是如此。公司的新员工不要满足于仅仅完成上级指派的任务,而要尽力做出比上级期待的更好的成果，我们才能称其为一名成熟的员工。

"创造顾客"在原书中是"create a customer"。对此我也很纳闷，为什么不说"create customers"？如果只创造一名顾客，那么事业是做不成的。并且德鲁克的确说过，要通过创造顾客，去创造市场。然而，"创造顾客"的原文，从头到尾都是"create a customer"。以下纯属我的个人猜测，这里也许充分体现了德鲁克对"人的幸福"的观点。

实在不胜惶恐，我在这里再讲一个我亲身经历的事。我的《财务报表三表合一理解法》一书因深受读者欢迎而荣登最佳畅销图书之列。然而，我写下这本书的初衷，并非"世界上有太多不懂财务会计的人，如果在这一领域写出一本简明易懂的书，就能成为畅销书"。

二十多年前，我作为一名咨询顾问，刚刚踏入社会。我所服务的客户是一家中小型企业的总经理，他面临的最大难题就是现金管理。当时，我写了一份商业计划书拿到金融机构去申请融资。但是金融机构的负责人对我说："国贞，你是一名咨询顾问，不用为这家公司的一辈子负责任吧？这家公司的总经理甚至需要做个人担保来承担贷款责任，但是他连资产负债表附表都看不懂。你觉得金融机构能给这种人经营的公司放贷吗？"

站在金融机构的角度来看，我完全赞同。因此，从那以后，我一直在思考，如何才能让这位连簿记都没有学过的总经理学会财务会计。有一天，我突然想到了一种新的会计学习方法——《财务报表三表合一理解法》。

我想说的是什么呢？我想说的是，通过分析海量数据来开发优质的商品和服务也是一种方法，但要想开发出真正打动顾客、赢得众多顾客长期认同的商品或服务，就必须先接近顾客，了解他们的需求及价值观。

解一人之忧，方能解万人之忧。德鲁克时时心系"人的幸福"，我想这就是他说"创造顾客"的用意所在。

日本一些优秀的前辈也说过同样的话。二宫尊德曾经拯救过很多贫穷的村庄，他说："拯救一个村落的方法，也可以挽救整个国家。其原理是一样的。"

让我们回到德鲁克说的"三项任务"。即使一个组织明白了自身应该达成的"三项任务"，也并不意味着就能取得成效。德鲁克认为，组织还需要具备"四大功能"。

如图1-2所示，企业想要达成目的——"创造顾客"，就需要通过市场营销功能来全面了解顾客。但这么做还不够，企业还需要一种创新功能来提供顾客未曾期待、未曾要求，甚至未曾设想的产品。

三项任务	四大功能
目的与使命	市场营销功能
	创新功能
生产力　←	经营管理功能
社会责任	利润功能（成果检验功能）

图1-2　组织必须具备的四大功能

正如前文提到的，亚马逊公司、谷歌公司、日本星野度假村等都在按照德鲁克所说的方式进行管理。他们均从顾客出发，不断提供着顾客未曾期待、未曾要求，甚至未曾设想的新产品或服务。

企业必备的第三项功能是"经营管理功能"。原书中的"administrative function"在日译本中翻译为"管理功能"。本书采用了"经营管理功能"的译法。

组织是员工集中工作的地方，因此这种经营管理功能是不可或缺的。经济领域的经营管理功能又被称为生产力。"经营管理功能"与"生产力"的重叠部分便是管理者职责的核心所在。关于这一点，我将在后文详细介绍。

最后，用于检验成果的利润功能是企业需要的第四项功能。利润并非企业的目的，而是作为企业活动的结果产生的。那么，低利润企业是哪里出了问题呢？答案是企业的市场营销功能、创新功能、经营管理功能没有发挥好。

不过，由于民营企业有检验成果的利润反馈机制，因此它们可以通过回馈分析（feedback analysis）来修正自身的问题。

有些人指出，公共机构存在生产力低下的问题。我自2005年起担任东京都政府新任课长的培训讲师，他们班的学员都极为优秀。即便如此，也确实存在生产力提不上来的问题。其中一个原因就是，公共机构没有检验成果的利润功能。由于无法立刻判定自己的工作能否给受益方提供帮助，所以有时会导致一些生产力低下的问题。

以上内容概观了德鲁克管理学中事业管理的整体面貌。图1-3为事业管理的概念图。

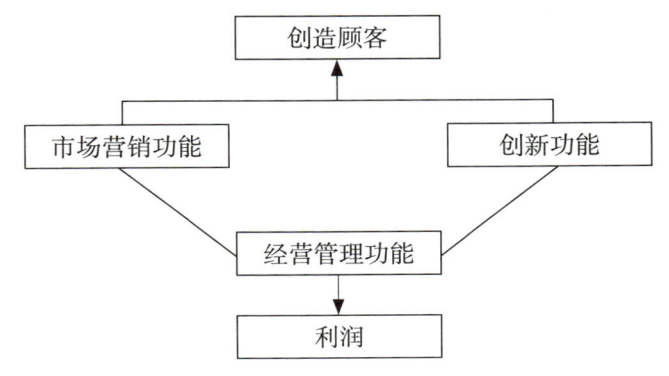

图1-3　德鲁克管理学事业管理的概念

要想达成企业目的——创造顾客，企业就必须具备市场营销功能、创新功能及经营管理功能。企业只有具备这三项功能后，才可能收获利润这一结果。

一些对德鲁克管理学略有研究的人认为："德鲁克说利润并不是企业的目的，他忽视利润，这怎么可能用于实践？"这是一个巨大的误解。德鲁克绝非轻视利润，他对于利润是这样说的：

- "创造经济效益是企业的首要责任。至少，如果企业无法赢利，那就是对社会不负责任。"
- "毋庸置疑，利润对于社会和经济是不可或缺的。不能提供经济活动与社会活动所需利润的企业，其管理者应该感到良心不安，甚至需要致歉。"
- "企业要把存续责任放在首位。"

德鲁克十分看重利润。对于企业来说，首要责任便是提高利润并使企业存续下去。但有一点不能混淆，即"利润不是原因，而是结果"。

讲到这里，相信你已经理解了德鲁克思想和日本人商业观的相似之处。它们都强调"做有利于客户的事，收益自然会增加"。

公共机构存在的一个问题是：公共机构无法立刻判定自己正在进行的工作是否有效，以及很难通过回馈分析来改正自身的不足。我将在第六章的"公共机构取得成效需掌握的六条法则"中介绍该问题的解决方法。

在我看来，"创造顾客"一词同样不符合公共机构的情况。这里替换成"为受益者创造价值"更为合适。

我在负责东京都政府新任课长的培训后发现，东京都政府与市民的财产、生活、安全、健康和教育等方方面面密切相关，并且东京都政府的职员在这些方面比市民拥有的信息、知识和经验要丰富得多。我想，市场营销职能、创新职能及经营管理职能对于公共机构来说也是同样重要的。

管理是一门关于"成果"和"人"的学问

至此，我们已经理解了事业管理的全貌，下面我想介绍其中的"经营管理功能"。我想反复强调，这是管理者职责的核心所在。从这一小节开始，我们就进入本书的正题了。

让我们再次回顾前文介绍的"三项任务"：

（1）实现目的与使命
（2）提高生产力
（3）履行社会责任

第二项任务"提高生产力"译自原书中的"productive work and worker achieving"，即"卓有成效的工作与员工"。

为了让大家理解这句话，我要先解释一下"work"与"working"这两个单词。"work"对应"工作"，"working"则对应"劳动"。请你将工作想象为一种可以具有规范性的工作，或类似于机器人的工作，并且将劳动看作人从事的工作。

机器人的工作是具有规范性的。如果我们想要提高机器人的生产力，就需要对工作进行分析归类，让它们无休止地以相同速度处理同一种工作，以取得成效。

然而，当工作变成了人的劳动（working），这些规范就会立即失效。也就是说，让员工没日没夜地在同样的节奏下处理同一种工作，是最无趣、最累人、员工最不想要的工作方式。

那么，管理者的职责是什么？第一，管理者必须有条理地分析并设计工作，以达到成果最大化。第二，要认识到工作是人做的，并且创造一个员工积极主动、充满活力、有工作价值感的环境。

我们将这一点和实际工作联系起来，你就能很快领会。假设你是一名管理者，过去你管理的组织取得了卓越成果。但是在你手下工作的员工讨厌工作，将领工资看作上班的唯一动力。这样的氛围一旦形成，那就是管理者的失败。

反之亦然。就算你的下属都积极主动、充满活力地工作，如果你不能创造应有的组织成效，那么作为管理者也是失败的。

管理者还要做出成绩，并且要创造一个让下属积极主动、充满活力，能感受到工作价值的环境。管理的实质是"成果"和"人"。

如果说星野度假村是一个投资企业，而不是旅游住宿企业，或许有人并不看好。不过，我认为星野度假村的经营管理确实非常出色。

设施、餐饮、服务是旅游住宿业通向成功的金钥匙。星野度假村一直投入重金大力打造设施与餐饮。如果设施与餐饮超过了住客的期待值，住客就会暂时满足。

在旅游住宿业，服务毫无疑问也是十分重要的。但是星野度假村的员工大部分都是20岁左右的年轻人。为了使这些经验尚浅的年轻人也能提供高质量的服务，星野度假村采取了多种措施，其中包括让全体员工使用系统收集回头客的信息。

也就是说，星野度假村的管理者有条理地分析、设计工作，让这些缺乏经验的年轻员工也能取得像成熟的员工一样的成效。取得成效是"生产性工作"（productive work）的要素之一。管理者的理性分析，将星野度假村的工作变成了一种卓有成效的生产性工作。

不仅如此，星野度假村还要求员工"多任务学习"

（multi task），让他们熟练掌握前台、餐厅、客房等各种场景的业务，将工作变为一种挑战。甚至它还会为员工提供与项目相关的机会，例如"打造每间客房的独特魅力"，使他们能够挑战新课题，以此提升员工的动力，实现员工的成长。

由此可见，星野度假村的工作虽然很辛苦，但其工作环境可以让员工在工作中富有活力，感受到工作价值。

言归正传。现在请你将管理者的职责理解为对"成果"和"人"负责。在后文中，我将逐步深入探讨这一点。

人人都知道，怎样才是优秀的管理者

优秀管理者的特质与行为

下面让我们抛开德鲁克管理学，思考实际工作。想必大家至今已经共事过很多位领导。请回忆一位让你钦佩的领导，他拥有哪些特质，有哪些出色的行为。

在十余年的管理培训中，我一直要求学员将"优秀管理者的特质与行为"写下来，并展示出来。

很有意思的是，不管在哪里开展培训，学员的答案都如出一辙。无论在哪里举办培训，培训面向的是大企业还是中小企业，学员是清一色的年轻人还是"老手"，列出的关键词都极为相似。

表1-1按照两种维度整理了学员列出的高频词。

表1-1 优秀管理者的特质与行为

特质	行为
能够描述愿景，方向明确、目标清晰、有信念感、不动摇，热情、坚韧、善于决策，具有判断力、执行力、模范带头、对外谈判的能力，愿意为下属做"挡箭牌"，不逃避	善于倾听，愿意沟通、与下属一起思考，关怀下属、温情，坦露缺点、信任放权、赏罚分明，在困难时出手相助、勇于担责

怎么样，这些关键词和大家想到的是不是很相似？当然，每个人的经历和价值观不同，答案自然因人而异。我的每场培训大约有40位参加者，在收集了这么多人的意见之后，我发现每一场培训都得到了相差无几的答案。

领导力的行为方式理论

接下来的内容并非介绍德鲁克管理学，而是领导力理论。商学院等机构在教学中，会将领导力的相关理论分成以下三个部分：

（1）特质理论

（2）行为方式理论

（3）权变理论

特质理论探讨了拥有哪种特质的人适合成为一名领导。在1940年以前，该研究在商学院中得到了极大关注。

研究人员讨论了各种不同的特质，包括一些有趣的特点，例如，杰出的管理者在幼年时期都有过令人感到耻辱的经历。的确，有许多杰出管理者都是在早期的曲折经历中成长起来的，但没有经历过屈辱的童年，就不能成为杰出的管理者吗？答案自然是不一定的。

从这些角度，人们触及了特质理论的界限，并将焦点转向行为方式理论。在领导力研究方面，密歇根大学与俄亥俄州立大学曾并称为"双璧"，哈佛商学院的终身教授约翰·P. 科特（John P. Kotter）、日本神户大学的名誉教授金井嘉宏也极负盛名。

上述各高校和研究人员提出的领导力理论有很多，但基本上都可以整理成"课题"与"人际"两个维度。具体如表1-2所示。

表1-2　领导力的行为方式理论

提出者	课题	人际
密歇根大学	生产导向	员工导向
俄亥俄州立大学	结构化	关心员工

续表

提出者	课题	人际
约翰·P.科特	设定议程	构建网络
变革型管理者（金井嘉宏）	绘制蓝图	广泛参与
学员	能够描述愿景，方向明确、目标清晰，有信念感、不动摇，热情、坚韧、善于决策，具有判断力、执行力、模范带头、对外谈判的能力，愿意为下属做"挡箭牌"，不逃避	善于倾听，愿意沟通、与下属一起思考、关怀下属、温情、坦露缺点、信任放权、赏罚分明，在困难时出手相助、勇于担责

表1-2为知名的领导力理论，其中附有表1-1的学员描述。我将学员所提的关键词分成两个维度，也是以领导力行为理论为前提的。

事实上，我们不需要大学老师的教导，便早已知道了优秀管理者拥有哪些特质，以及会采取怎样的行为。相比从理论上学习领导力，学员的描述甚至更加具体地阐明了管理者应注意的事项。

在管理培训起步初期，我并没有完全参考德鲁克管理学，而是做了一些说明。例如："管理者就是建立起一种结构，让它按既定的方向运行，并管理他人。所以，管理的关键词是控制。"又如:"领导者就是能够指明方向,并使每个人参与其中。所以,领导者的关键词是动机。"然而实际上,无论是对管理者还是对领导者而言,"成果"和"人"才是最关键的。

那么,何为成果?我在前文中提到,组织的首要任务是"实现目的与使命"。任何组织都有目的与使命,以及为此制定的目标。没有目的的组织,只剩下一群人。德鲁克曾说:"组织是由专业人员组成的团体,他们一起工作,以达成共同的目的。"换句话说,所谓的创造成果,就是实现该组织的目的与目标。

到此总结一下第一章。管理者的职责关系到"成果"和"人",具体而言,就是与组织成员共同实现该组织的目的和目标。这并不是德鲁克的原话,不过现阶段请允许我这样总结。我会在第二章之后对此进行深入探讨。

另外,关于领导力理论的权变理论,我将在后文中详细阐述。

第二章

到底什么才是沟通

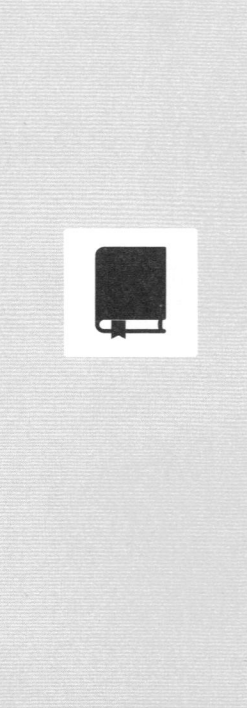

在思考沟通的本质之前

倾听，就能沟通交流吗

在本书的第一章中，我将管理者的职责归纳为与"成果"和"人"有关。下面，我要用一些篇幅来解释与"人"有关的部分。

管理者的工作离不开"人"，所以沟通是至关重要的。

近年来，沟通力越来越受到年轻人的关注。那么，沟通力究竟是什么？如何提高沟通力？请你也稍做思考。

然后，你会发现，即使意识到了沟通力的重要性，你却从未触达它的本质，思考什么才是沟通。

还是旧话重提。在培训初期，我并没有把德鲁克管理学作为理论基础。但是我很清楚倾听下属意见的重要性，所以在那时讲了下面这些关于倾听的技巧：

倾听技巧

（1）不在中途打断对方说话

（2）一开始不要说教或批评

（3）不要将话题引到自己身上

（4）说话的语气、节奏、速度与对方保持一致

（5）经常点头、附和、重复

用身体倾听

（1）保持放松的体态

（2）身体前倾，表示对谈话内容感兴趣

（3）保持两臂左右的距离

（4）与说话者的面部保持在同一高度

倾听下属意见是极其重要的，我并不打算否认以上这些技巧。不过，在给别人培训时，我却产生了一个疑问："仅靠倾听，就能架起沟通的桥梁吗？倾听就是沟通的本质吗？"

后来，我在学习德鲁克管理学的过程中找到了答案——沟通的确不只是倾听这么简单。关于这一点，我会在后文中进行详细介绍。

分析，就能看透人心吗

笛卡尔说："我思故我在。"从那以后，人们普遍把分析视为洞察事物本质的基本方法。例如，逻辑分析是数学和物理学科的基础思维方法；通过逻辑分析，人们可以看透由各个部分组合而成的整体，洞察事物的本质。

然而，有些事物的本质是无法通过分析得出的。举个例子，"很荣幸能见到您"这句话，无论我们怎样分析，都很难理解它的真实含义：它有时表示喜欢，有时则表示厌恶。话语的含义因人们的说话方式、眼神、态度、细微的肢体动作、所处环境或背景的变化而迥然不同。

对于具有生物性质的事物，我们要综合考虑各种因素，从整体上把握事物的本质。德鲁克称之为"感知"（perception）。"perception"的动词形式"perceive"可以被翻译成"理解""察觉"，也可以被理解为"领悟""洞察"。

沟通无法仅靠语言完成。正如前文所述，一些"无声语言"（silent language）也起着举足轻重的作用，比如眼神、态度，以及细微的肢体动作。此外，同一句话的意思也会因人而异。在语言的背后，是一个真实完整的人。换句话说，"人无法只靠一句话来沟通，总是得靠整个人来沟通"（One cannot communicate with a word; the whole man always comes with it）。

如果你读过德鲁克的著作，就会发现"感知"这个词随处可见。我们无法仅靠分析就能了解世间万物。这并不是否定分析，而是强调分析与感知的重要性，这是德鲁克的独见独知。读他的著作，你可以感觉到书中频频出现了两种本质：一种是用逻辑整理的本质；另一种是通过感知洞察的本质。

进一步就沟通来说，一些人的想法和他们说的并不一致。这一点在日本人身上尤为显著。

德鲁克说："在沟通中最重要的，就是要听出对方没有说出来的内容"（The most important thing in communication is to hear what isn't being said）。与人沟通，关键是要听出言外之意。

沟通的本质

同一个世界，每个人看到的不一样

那么，沟通究竟是什么？"沟通"（communication）对应的意思有"会话""传达"等，与英语的"common"（共同的）是同源词。换言之，如果按照"communication"的词源来看，翻译为"意见交流"比"会话""传达"更加贴切。

如果将沟通看作意见交流，而非单纯的会话或传达，那么人们在沟通过程中就会产生一个问题——不同的人往往会从相同的事实中看到不同的"真相"。

我们生活在同一个星球上，看到的是同一个世界。但是，每个人都有自己看待事物、感知事物、思考事物的方法，价值观也因人而异，我们不太可能从相同的事实中只看到一种"真相"。

诸如此类的例子不胜枚举。比如，假设你在一家公司上班，请用两个圆形来描绘你与公司之间的关系。结果就会如图2-1所示，每个人眼中自己与公司的关系是不同的。

图2-1 每个人眼中自己与公司的关系

有一个成语是盲人摸象。讲的是几个盲人触摸大象，彼此分享感想，但由于每个人触摸到的部分不同，大家各执己见，都认为自己才是对的。

这则故事讲述的不只是盲人。我们每个人都会在日常生活中碰到类似的事情。

例如，当公司内部讨论是否应该推进某个项目时，人们往往会衡量这个项目的价值。财务部门的人会用数值判断，人事部门的人会从人才投入的角度判断，技术部门的人则会从技术方面判断。不仅每个人的侧重点不一样，甚至他们从一开始看到的东西还各不相同。

相信大家在看到上文后，都会有这样的想法：我知道。就算你不举两三个事例，我也能明白，每个人的思维方式、价值观和看待事物的方式都不一样。

没错，这个道理人人都懂。但关键是你能否在职场中时刻铭记于心，并将其付诸实践。

在培训中，我会安排学员两人一组，玩一场简单的沟通游戏。如图2-2所示，我会让双方各自拿着一张轮廓大小相同、内部框线相同的纸片。然后，让一方在纸片的内部框线中画上一个圆形，并要求他在看不到对方纸片内容的情况下，通过沟通，让对方在其纸片中的相同位置上画一个圆形。

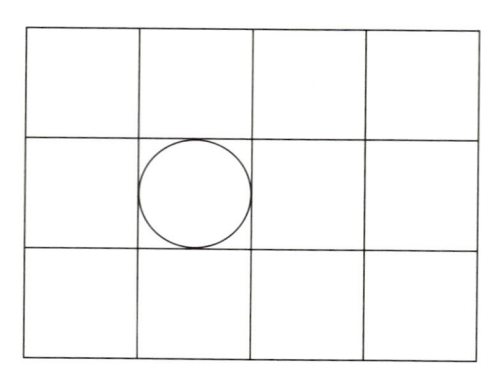

图2-2 沟通游戏的图形

这个沟通游戏看似简单，但是大家并没有很好地完成。因为每个人的沟通方式和行为习惯各不相同。

举个例子,如果让一个人在从上往下数的第二条横线上画一个圆形,有的人会画成图2-3中的A,也有人会画成图2-3中的B。

图2-3　在横线上画一个圆

此外,如果让一个人从外框的左上角开始为格数依次标上序号,以此来确定圆形的位置,则如图2-4所示:有

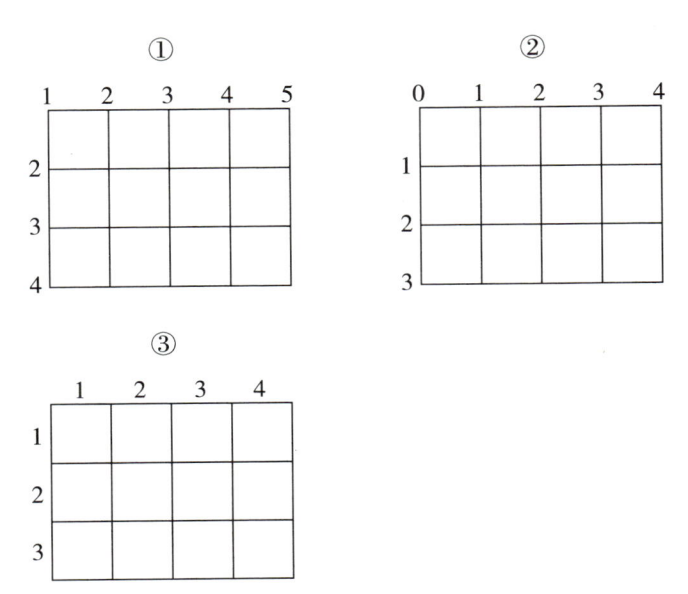

图2-4　不同的人对格数的编号方法

的人从1开始编号；有的人从0开始编号；有的人则不在横线上，而是在框线上编号。

就算在这种小事上，每个人都有着如此的差异。尽管生活在同一个星球上，但每个人身处的世界是截然不同的。无论是思维方式，还是对眼前事物的看法，都因人而异。

人们对同样的事实会有不同的看法，这是人人皆知的。然而，当我们身处现实中的种种情况时，却浑然不觉。在大多数情况下，我们在做出行为时并没有意识到，每个人看到的"现实"是不一样的。

我在前文中提到，优秀的管理者都会倾听员工的意见。但他们被称为"优秀的管理者"，却并不仅仅是因为倾听。他们会先聆听下属生活在怎样的世界里，再做出回应。他们提供的指导和建议符合每个人的状况，从而使他们成为员工心中的杰出管理者。

我们常常观察他人的行动。我们了解优秀的管理者会如何行动。但是我们自己又是怎么做的呢？很多时候，我们毫不顾忌他人的感受，采取以自我为中心的沟通方式。正如在图2-2这样的沟通游戏里，有人会不耐烦地说："我不是说过了，让你在从上往下数的第二条横线上画个圆形吗？你还愣着干什么，赶紧画！"

沟通错误，往往是因为人们对同一事实的认知出现了偏差。"我本来不想这样的""我之前说的不是这个意思""我还以为这是天经地义的事情"。领导与下属、部门与部门、公司与公司之间的绝大多数沟通问题，不正是由这些事情引起的吗？每个人对同一事物的看法不一样，所以人们很难交流意见。

德鲁克说："人们对于同一事物有着不同的看法。了解这种差异，本身也是一种沟通。"正如我反复提到的，虽然生活在同一个星球上，但是每个人在看待事物的方式、感知方式、思维方式、价值观等方面迥然不同，所以对于同一事物，人们不可能产生完全相同的看法。

沟通的基本原则

德鲁克认为，我们主要通过吸取失败的教训，总结出了在沟通中的四项基本原则：

（1）沟通是感知
（2）沟通是期待
（3）沟通是要求
（4）沟通与信息不同

让我们从第一项原则开始说起。在前文中，我已经对"感知"这个词进行了说明。德鲁克在解释"沟通是感知"时，曾引用了一句话："如果有棵树倒在了无人的山林里，山林中会有声音吗？"

在无人的山林中，即使树木倒下了，我们也无法说有声音。要说有声音，那里就得有人。

通过这个问题，德鲁克想要说的是，沟通只有在接收者能够感知到的时候才会存在。接收者听不懂，那就称不上沟通了。

就像苏格拉底所说的，在跟别人说话时，人们要使用对方经验能够理解的语言来进行沟通。这意味着，跟木匠说话时要使用木匠的语言。

与下属交谈时，管理者也要使用对方通过经验能够理解的语言，否则下属就会听不懂。如果不能让下属理解，那么管理者说再多的话都毫无意义。沟通时没有意见上的交流，只有说话人单方面的滔滔不绝，所谓自说自话，无非就是如此。要达成意见交流，关键就在于对方能否理解你的话。

"沟通是感知""沟通与信息不同"密不可分。如果说话人在信息中加上"我是这样想的""我是这样认为的"，那么他就没有传递原有的信息价值，而是在单纯地表达自己对于信息的观点和理解。只有在排除了人为因素，将数据整理成可供利用的形式时，话语才具有信息价值。

但是，沟通与信息是有区别的。在沟通中，只有听懂了对方的言外之意，才能达成真正的沟通。

"沟通是期待"，这句话的意思是，人们基本上只会关注自己所期望听到的内容。在日常生活中，我们也经常会遇到这种情况。就算把自己认为很重要的东西事无巨细地向对方说明，对方也只是置若罔闻，只听到了自己感兴趣的内容。所以，要实现沟通，就必须事先了解对方在期待什么。

"人只会听到自己想听到的。"当我在培训中这样说，有的学员会表示大致赞同，然后问道："可是，我们这些上级，有很多想跟下属说的事情都是他们并不期望听到的。现在我该怎么做呢？"对于有着相似烦恼的人，我认为德鲁克提出的以下两点"管理者必备的基本能力"可供参考。

德鲁克说："管理者必备的第一项能力，就是拥有倾听他人说话的意识、能力及态度。倾听不是技能，而是一种态度。倾听是人人都能做到的，要诀就在于保持沉默。管理者需要的第二项能力是沟通的意志，即让他人理解自己的想法的决心。为此，需要不厌其烦，要多次强调，亲身示范。"

听了德鲁克的话，我不由地想到了本书第一章中提到的那位总经理。他通过实践德鲁克管理学，带领公司走出了低谷。那时，他也是一遍又一遍地耐心向员工强调同样的事情。

"沟通是要求"，特别是在领导与下属的沟通中，领导经常会要求他们改变自己的行为或思维模式。

有时，沟通可以让你的想法和价值观发生巨大的变化，有一些可谓极富影响力的沟通，甚至会改变你未来的生活方式。不过，上述情况较为罕见。这种强行改变自身的信念和价值观的行为，往往会引来强烈的反抗。

想要改变一个人的信念和价值观并非易事。然而，当沟通的内容符合接收者的价值观、需求及目的时，它就可能成为一种极具影响力的沟通。所以，如果想要有效地沟通，就要事先了解对方的信念、价值观、需求和目的。

我曾经遇到过几位沟通专家，他们符合德鲁克所说的"四个基本"。他们毫无疑问都善于倾听，不仅如此，他们还善于观察人。人们常说，眼睛是大脑的一部分。当他们注视着我，那种深邃的目光似乎探进了我的眼底，捕捉到了我的真实想法。然后，他们会尝试深入理解对方，思考怎样与对方产生共鸣，才会让对方认同自己；或者向对方说些什么，对方才会接受自己的观点。

举个例子，有许多人把工作交给我时，会这样说："我们公司现在面临着这样的问题，能不能请你帮忙解决一下？"但如果换作那些沟通专家，他们会这样委托工作："国贞，我相信以你的价值观来看，你无法拒绝这份工作，对吗？"他们一句话便击中了我的要害。被他们这么一说，我有几次都接下了平时基本不会接的工作。

要而论之，事先了解对方的期待、信念、价值观、需求与目的，可以极大地帮助我们提高沟通能力。

上述事例告诉我们，在领导与下属之间的沟通中，从下到上的沟通是最基本的，换句话说，沟通的基础就是领导先要了解下属。不然的话，领导也无法提供合适的指导与建议。顺带一提，德鲁克曾说："一个人的对下沟通只能是命令。"

另外，如果你理解了沟通的四项基本原则，就应该能明白，如果领导只能做到倾听，沟通是无法成立的。除非满足一个前提——下属的沟通能力极强。也就是说，下属能够了解领导的期待、信念、价值观、需求和目的等。

但在通常情况下，一个组织的领导没有足够的沟通能力，而下属都是一批沟通能力极强的人，这是无法想象的。那么，要如何做才能使沟通成立呢？这还是需要我们在理解沟通四大原则的基础上，进行具体的、有意识的实践。

例如，员工为了完成组织目标，需要承担什么样的职责，以及希望做出怎样的贡献——这种就是领导与下属能够使用同一种语言交流，且双方都关心的话题。在交流这种话题时，双方需要在事前互相了解对方的期待、信念、价值观、需求和目的。

更进一步来说，德鲁克还提到了一种完美的沟通。他认为：沟通或许并不依赖信息。"毫无瑕疵的沟通"（the most perfect communications）甚至也许是无关一切理论的、一种"纯粹的经验分享"（shared experiences）。

关于这一点，我们可以从夫妻关系中看出，我已经结婚三十多年了，每天两个人交流，往往只需要一句"那个事情就拜托你了"，便能够领会彼此的意思。有时我感觉，不仅是日常生活中的小事，就连在那些难以言喻的隐秘深处，彼此一个眼神就能心灵相通。

体育界同样如此。足球队员将球传到前场时难道会用语言来传递信号？传球的队员会抓住一个机会把球送到前场，接球的队员则会在趁机过人并冲向球门。他们之所以能有这样的默契，完全是因其日复一日的练习而形成的"共同体验"。

职场也同样如此。白天，员工齐心协力攻项目；晚上，他们举杯畅饮共言欢。日复一日，就能形成一种不言而喻的默契。

德鲁克曾说："作为意见交流的沟通，并非单向地从'我'到'你'。只有在拥有共同体验的'我们'之间，在从一方到另一方的关系中，沟通才会发生。"

所谓职场中的完美沟通，并非简单的信息传递，而是营造一种职场环境，让组织成员可以用"我们"来称呼对方，理解彼此。并且，这是可以通过"共同体验"来实现的。

不过，建立一个相互信任、相互理解的团队需要耗费大量时间。德鲁克认为："团队不是一夜建成的，它开始运作也需要时间。相互信任和理解是必要条件，这需要耗费数年。从我的经验来看，需要三年。"

未来，那些理解了沟通的本质及重要性的企业管理者，或许将最大限度地减少远程工作，增加面对面的团队工作机会。毋庸置疑，基于"共同体验"的互信和理解，会对团队成效产生极大影响。

不过，远程办公环境或将继续存在。有时候，在远程环境下办公，生产力会突飞猛进。以数值为基础的进度管理就是如此。企业可以将国内和海外出差降到最低程度。此外，还有一些工作是适合远程的，正如我撰写这本书一样。

但是不管怎么说，在远程环境下，我们总是缺少分享体验的机会。也正因如此，我们必须有意识地创造一段专属时间，去了解彼此的期待、信念、价值观、需求及目的。

现场实践内容1：沟通

请你在这里暂停阅读，在本章末尾的"现场实践内容记录"中，写下你在学习了德鲁克的沟通理念之后有哪些发现，以及你觉得大家在职场沟通中有哪些方面需要改进。具体示例如下：

（1）重新确认组织的目的与目标是否成为组织成员的共识

（2）与你的领导和下属交流彼此的期待、信念、价值观、需求及目的

（3）尝试用各种方法，为"共同体验"创造机会，与他人成为"我们"

然后，请你务必在实际工作中实践这些内容。

现场实践内容记录

小组合作1：第一次小组讨论

致以小组形式共读这本书的人：

这里，请再次召集你的小组成员（可以使用线上会议）。

如果你的小组是由人事和培训部门组织的，小组成员彼此不太熟悉，那么请先从简单的自我介绍开始。在我的集训中，每个人都会做大约3分钟的自我介绍，主要包括：

（1）最近感到开心的事情
（2）工作内容
（3）工作之外的自己

"最近感到开心的事情"可以与工作相关，也可以是私人生活中的。在培训时，我会请一位学员做自我介绍，结束后让大家一边鼓掌一边说"太棒了"。等待这一环节结束，再将话题转移到工作内容上。很有意思的是，在这样简单地聊完后，气氛突然变得融洽了许多。

此外，我会让每个人在自己的3分钟里，尽量多地介绍"工作之外的自己"。我们将人生中的大部分时间都花在了工作上，但是工作并非我们的全部。当你听到别人讲述他的兴趣爱好、家庭、地区活动等时，我们常常会对他的个人生活和自己对他的第一印象之间的巨大差异感到惊奇。

在介绍完自己后，请与组内其他成员一起讨论某个话题。比如讨论在第一章、第二章中感同身受或没有同感的地方。

请每个人在本章结尾的"现场实践内容记录"中写下各自的实践内容，并向组内其他成员汇报。

在下次的小组讨论之前，请你实践自己写下的内容，并记录在本章结尾的"实践结果记录"中，在下次的小组讨论时，与大家分享这次实践。

当然，你也可以使用Word等工具单独制作"现场实践内容记录""实践结果记录"，并在组内共享。

德鲁克曾说："管理学与其他学科完全不同。管理学如果不去实践，便没有意义。"在商业世界，即便一个人掌握了再多的知识，如果没有转化为成果，人们只会耻笑他是"书呆子"。商业世界，成果为王。想要出成果，就必须行动起来。

如果你以小组共读的形式阅读这本书，那么请在每个章节的结尾召集你的小组开会讨论（可以是线上会议）。从第三章开始，章节中间也会出现一些小组合作，可以和章节结束后的小组讨论一并开展。当然，你也可以选择在每个小组合作出现时就联络组员，召开一个短时间的线上会议。

请你根据自己的情况，决定小组集合的时间。考虑到现场实践的时间，我认为留出两周左右的空闲时间比较妥当。

实践结果记录

在尝试实践后,你的收获、体会或心得……

有哪些事情进展得不顺利?下一步挑战是什么?你的烦恼……

第三章

知人善用，唯才所宜

为什么用人如此重要

何为管理

在第一章，我提出了管理者的职责与"成果"和"人"有关，并将其暂时定义为"与组织成员一起实现组织的目的和目标"。

让我们进一步谈谈这一点。德鲁克在他的许多著作中提到了管理的多个方面，比如，"管理就是制定方向，确立使命，设定目标，调动资源……。最重要的是……，你要为实现组织目标所需的绩效负责。"

有一些具有专业技术性质的管理岗位无须对人员管理负责。随着这类管理者不断增加，德鲁克指出："过去，管理是指那些对人员的工作负责的人……。而如今，增加最多的是对组织成效负责的人。"

在《后资本主义社会》[1]（钻石社）一书中，德鲁克聚焦知识社会，提出（管理者是）"提供知识，并对知识所产生的效益负责的人"。

---

[1] 该书中译本也为《后资本主义社会》。——编者注

但是无论如何，管理者要对成果负责这一点是始终不变的。在此基础上，由于这本书面向的是带领下属或后辈开展工作的人，因此保留了"管理与人有关"的观点。

德鲁克在《新现实》[1]（钻石社）中，系统而简洁地整理了上述"对人员与工作的管理"的相关内容。我查阅了原文，并在考虑到该内容与其他著作有关部分之间的联系后，将其归纳为以下五项原则：

（1）共同的目的、目标及价值观
（2）以个体责任、沟通为基础的组织一体化
（3）发挥长处（能做什么）
（4）成长（教育、训练、学习、自我启蒙）
（5）评价成果

我在第一章也提到了，一切组织都有目的。为了达到组织目的，管理者必须让组织成员肩负起各自的责任。不过，一盘散沙是行不通的，为此我们还需要以沟通为基础的组织一体化。

发挥长处（能做什么）是本章要介绍的内容。我会在后文中详细阐述什么是用人所长，以及为什么用人所长如

---

[1] 该书中译本为《管理新现实》。——编者注

此重要。

关于成长（教育、训练、学习、自我启蒙），我会在第四章中阐述。但"教育、训练、学习、自我启蒙"的具体内容因组织和个人而异，我在本书中就不做介绍了。

评价成果涉及德鲁克管理学中的"回馈"。第一章也曾提过：利润是组织用来检验绩效的功能。有了它的存在，我们才能够通过回馈分析来纠正自身的问题。

德鲁克的基本理念是"复杂系统的世界观"——我们无法预见未来但我们必须有一个目标。我们要朝着目标进发，在前行的过程中如果栽了跟头，就要进行回馈分析，不断修正自己的轨道。

人类的生物特性与社会发展历程

在前文中，我们进一步阐述了"何为管理"。从这一小节开始，我们将进入第三章的正题——知人善用。

管理之所以格外重视用人，是因为在现实中人各有别。每个人都有擅长和不擅长的领域，以及独特的长处和短处。

人是多样的。有的人擅长运动，有的人不擅长运动；有的人有音乐天赋，有的人没有音乐天赋；有的人喜欢学习，有的人讨厌学习；有的人认真沉稳，有的人活泼好动；有的人细致入微，有的人粗枝大叶……有的人看上去具有诸多天赋，但也有可能存在一些明显的缺点。

东京在2021年举办了奥运会和残奥会。在看完残奥会后，我的感想是：一个人活着，最为重要的不在于关注你做不到的事，而是关注你能做到的事，把自己拥有的能力加倍发挥出来。

德鲁克管理学中提到的"知人善用"与"用人所长"意味着，我们要相信每个人都有自己独特的能力，在此基础上，还要有意识地看到人之所能，而不是关注人所不能。

关于知人善用，我还想说一点，那就是德鲁克研究管理学的原因。

德鲁克原本是一位对社会整体有着浓厚兴趣的社会学家。受到19—20世纪社会剧烈变迁的影响，他开始研究管理学。

19世纪以前，大部分人都从事着个体劳动。到了20世纪，人们在组织中工作则成为主流。在这样的情况下，若组织管理有失妥当，人们便很难获得幸福。这也是我在第一章中提到的：人的幸福是德鲁克研究管理学的起点。

我没有什么特别出众之处，39岁就辞去了公司的工作，然后开始四处闯荡。但即便如此，只要在力所能及的范围内，我就会希望尽自己所能，做一些对社会有价值的事。

你是否也有同样的想法呢？或许，很多人都深有同感。

知人善用，你需要知道这些事

用好你自己

那么，如何才能做到知人善用呢？德鲁克认为我们必须了解以下三个方面：

（1）长处
（2）工作方式
（3）价值观

长处

我们先来谈一谈长处。正如前面提到的，每个人都有着自己独特的长处和短处。不管是对组织还是个人，"善用长处"都是德鲁克管理学的一贯主张。德鲁克说："人能做成一件事，靠的是长处，靠短处是行不通的。"

不过，德鲁克同时认为，要知道自己的长处是极其困难的。他说："我想每个人都清楚自己的长处，但大部分都是错误的。人们了解到的与其说是长处，倒不如说是一些不可能成为长处的特质，许多人甚至搞错了这一点。"他还强调："过去有一种智慧处方，叫作认识自己。但是人生苦短，这对于人类而言几乎是不可能完成的。"

当被问及"你的长处是什么",恐怕绝大多数人都会说"我没有什么过人的长处"。如果你以谦卑的态度面对自己,那么你所看到的劣势就会压倒性地多于优势。当我从公司离职,走向独立时,我觉得独行天涯就只能充分发挥自己的长处,然后花费了大量时间来分析自己的长处。然而,最后我得出的结论还是:自己并没有什么过人的长处。

德鲁克说的"长处"是从原著中的"strength"翻译过来的,所以译文本身没有什么问题。不过,知人善用需要了解的"长处"或"工作方式",主要是指我们与生俱来,或者在幼年时期习得的长处,也就是"先天条件",表示与个性或特质有关的方面。

德鲁克说:"长处或短处,一般是指关于专门领域的知识,以及与实务相关的能力。但从绩效来看,人的性格是影响成果的因素之一,而且是一个重要因素。"他补充道:"有很多偏好和习惯,都反映了一个人最基本的个性,比如这个人的世界观或自我认知。"

就拿我来说吧。我小的时候,数学、物理成绩都要好于英语和日语成绩,这让我百思不得其解。英语、日语、数学和物理都是后天习得的知识。不过,我觉得自己的数学和物理成绩更好,或许是与生俱来的天赋使然。

当我知道德鲁克所说的"长处"指的是先天条件后，曾经一度打着"发现长处"的旗号开展培训，并使用一些心理学的专业名词进行自我分析，例如外向性、心理稳定性或协调性等。可是那个时候的我并不知道，在这种分析中要怎样发挥自己的长处。

确实，外向性、心理稳定性或协调性，都是因人而异的。但出乎意料的是，很少有人极度外向或者极度内向，大多数人都是具有一定外向或内向的倾向。我想，我们不能简单地把一个人特有的性格或个性归结为外向性、心理稳定性或协调性，而应看作由许多不同因素的细微差异组合所产生的结果。

虽然德鲁克认为"关注长处，就意味着要求成果"，但是说到底，绩效和人的哪些因素有关呢？

例如，我们通常都会觉得销售岗位更适合外向的人，但有不少事例显示，性格内向的销售人员同样能取得丰硕业绩。在工作中，"你能做什么"是由多种因素交织而成的。

德鲁克说："关于体力劳动所需要的素质和技能，有一个信度极高的测试。你可以先做个测试，看看自己是否适合做木匠或工人。然而，知识劳动却难以用测试来衡量。这是因为，知识劳动需要的并不是五花八门的技能，而是综合素质与能力。这种综合素质与能力，只有在实际工作中才能体现出来。"

顺便补充一点，日语译文中的"综合素质与能力"是由"configuration"翻译而来的。"configuration"一般被翻译成"配置""结构"，在计算机领域则是"机器结构""设定"。它还有诸如"星星的方位""星团"之类的意思。

要而言之，在知识劳动中，人们受多重因素交织影响，如果我们不尝试去实践，便永远不知道自己能做什么。

所以德鲁克认为："只有进行反馈分析，你才能知道自己的长处。"他还强调："如果你决定要做一件事，就马上把你的期望写下来。然后分别在九个月和一年以后，把你的期望和实际结果相比较。"虽然我不知道为什么是九个月，但德鲁克想强调的是：不去尝试，就不知道自己的长处。

发挥长处的释义只有一个，那就是要用"你能做什么""你擅长什么"的眼光与人相处。其本质可以归结为德鲁克的这段话：

"我们若能有意识地去思考'人之所能'，而非'人所不能'，就能够发现他人的长处，并掌握灵活运用的方法。然后，我们就能习惯于用同样的方法来分析自己。"

我虽已年过花甲，但如果对自己的职业生涯进行回馈分析，多少也能明白自己曾经"做到了什么"。从我告别工薪族走上独立之路，至今已有二十多年了。自从我独立以来，客户对我的好评都源自写作。这不仅仅指拙作《财务报表三表合一理解法》成了最热畅销书，还因为在我给客户提供的服务中，始终保持良好口碑的服务都是由"写作"带来的。

我也不明白其中的缘故。或许是因为逻辑结构在文章中的作用十分重要，自己擅长的数学逻辑思维便有了用武之地。不过，在我还是一名工薪族的时候，我的逻辑思维能力与同事比起来可谓普通得不能再普通了。我虽然不太清楚写作的评价标准，但我通过写作收获了成果却是事实。

我并不了解自己，曾经相信自己的特质就是不走寻常路。

高中数学老师以前经常对我说："国贞的解题方法和别人不太一样。"我从小性格乖张，很多人往右，我就往左走。我很喜欢"本质"这个词，但若换作"常识"，我一听便想去怀疑。大家都说，要学会计，先从簿记入手。也许正是这种对常识的质疑，才有了《财务报表三表合一理解法》这本书的诞生。

我至今仍无法对自己的长处了如指掌，但确实在部分领域取得了成绩。可以肯定的是，我也有属于自己的个性和特质，并且这些个性和特质一定与成果息息相关。

我还有很多短处。以前，我觉得自己特别不擅长处理人际关系，引起了许多人际纠纷。但每当我这么说，至今有些交情的人都会一致维护我："国贞怎么可能不善于交际呢，他可是社交达人。我觉得他说自己不擅长，可能是因为以前的人际关系出了问题，或者说他认为处理人际关系是一件很麻烦的事情，只是在回避罢了。"即便步入花甲之年，我仍然看不清真实的自我。但我认为，相比于从事以和人打交道为主的工作，写书这样的工作更适合我。

尺有所短，寸有所长，二者各有千秋。比如，我的儿子和我的个性截然不同。我感觉他的持久专注多少有我的功劳，但其他方面则是我望尘莫及的。比如他的察言观色等人际交往能力，以及内心的强大程度。

相信本书的读者都是身经百战的管理者。请你从"我在哪些方面做得比较好""我擅长什么"等角度来思考自己的长处。

小组合作2：长处

致以小组形式共读这本书的读者：

请你们在组内互相分享自己的长处和擅长的事情。届时，请倾听方的组员从如下角度提出问题。例如："如果你的下属有这样的长处，你应该将哪些工作交给他？"

此外，如果小组成员都是彼此熟悉的人，那么请互相说出彼此的长处。许多人都说"只有自己最了解自己"，这句话一半对一半错。

想要正确地认识自我，就必须客观地审视自己。然而，我们无论如何都只能看到主观的自己。甚至可以说，别人比你更加客观、正确地了解你自己。因此，如果小组里有你认识多年的老朋友，请你客观地帮他们指出其长处。

如果你能通过"我在哪些方面做得比较好""我擅长什么"等角度审视自身，逐渐明白自己的长处的话，即便这个长处是模糊不清的，我相信你也能够逐渐了解到自己应该掌握哪些技能或知识，从而进一步发挥你的长处。

在此我想强调一点，以免误导大家。有些对德鲁克略有了解的人会说："德鲁克让我们发挥长处。我对英语和会计一窍不通，所以我决定不学了。"不可否认，的确有些人很快就能学好英语，然而有些人并非如此。

如果英语和会计知识是你做出工作绩效的必要条件，你就得学习和掌握这些技能或知识。这并不是要求你达到翻译师或会计师的水平，若只是为了满足工作需要，则任何人都能掌握一定程度的英语或会计知识。如果这是取得成果的必要条件，你就必须要学，这一点是毋庸置疑的。

但是，如果你觉得自己真的不擅长英语，那么对你而言，就不要用英语谋生。我想，那些觉得自己不擅长英语的人，是不会有志成为一名英语达人的。

德鲁克说："人能做成一件事，靠的是长处，靠短处是行不通的。"这是众所周知的道理。换句话说，我们可以学习礼仪、态度、技能和知识，但是很难改变自己的性格。

说句题外话，我想对于年轻人来说，了解自己的长处是很困难的。正如德鲁克所说："就算你拥有十分特殊的能力，也要在过了二十五岁的很长一段时间后，才知道应该拿什么作为自己的发展优势。"

你的长处是什么，适合你的工作是什么，这些只有在实际工作后才知道。我们总是在自己认为合适的工作上一事无成，或者在认为自己不擅长的事情上有所建树。我认为，年轻的时候，不要过度思考自己是否擅长、是否适合，而是一切都要勇于挑战和尝试。只有亲身体验过，才能逐渐清楚什么是自己的强项和弱项。

当我还年轻的时候，一位老师曾经对我评价道："国贞没有学习语言的天赋。"然而，如今我却以写书为生。我是在过了四十五岁的很长一段时间后，才知道自己应该用什么打造优势。

世界是一个复杂系统，人也是如此，我们并不能简单地将人归为几种类型。我年轻时也经常在酒桌上谈论血型性格分类。的确，不同血型的人往往在性格上多少会有些差异，但我们无法仅凭四种不同的血型来了解他人，而且这样做也非常失礼。

人们在初次见面时会本能地感受到很多事情，比如："这个人看起来是个聪明人""这个人看上去是一个好人"。然而，随着交往的深入，很多新的感受会不断涌现，这些与人们初次见面时的感受完全不同，常常会令人惊讶："原来这个人也有这样的一面！"人的隐性特质要比显性特质多得多。

德鲁克说："人是有限的。辨人识人的能力并不是人类生来便被赋予的。"他重视的是个人的实绩，即过去做出了怎样的成果。关键在于要虚怀若谷，谦逊对人。人不是那么容易被理解的生物。

工作方式

德鲁克认为"工作方式"和"长处"一样，是"先天条件"，即与生俱来的特质。他认为每个人的工作方式都不一样，比如"理解方式是读者型（习惯阅读信息），还是听者型（习惯听取信息）""倾向于团队协作，还是独立完成""有压力好，还是没有压力好""是擅长决策，还是擅长辅佐他人"。

"理解方式是读者型，还是听者型。"起初，我并不清楚德鲁克究竟要表达什么，这是由于我完全是一个靠阅读才能理解的人，我根本不能想象有人会觉得"听"要比"阅读"简单得多。但在培训上询问了参加者之后，有一半的人都表示，聆听更容易理解。

"倾向于团队协作，还是独立完成。"拿我个人来举例，独立工作无疑更加高效。

"有压力好，还是没有压力好。"我在培训中曾经问过参加者一个问题："在开展工作时，有哪些人不到最后期限便无法开始工作？"结果这个问题也有将近一半的人举起了手。这些人通常在临近期限时才会着手工作。

"是擅长决策，还是擅长辅佐他人。"我是一个优柔寡断的人，很难做决定：挑选一支圆珠笔需要花上10分钟；去买衣服也会犹豫不决，往往空手而归；等等。

以上就是德鲁克在他的书中所提到的工作方法，以及我对这些方法的阐释。除此之外，人们还有各式各样的工作方式。

例如，在开始工作时，有些人会先做好精心准备和反复调查再迈出第一步；也有人二话不说，直接就冲了上去，一副"工作只有做了才知道"的架势，然后吃尽苦头，最终在很多人的帮助下取得佳绩。

有些人若不明白整个工作的脉络就会感到焦虑；还

有一些人十分注重细节。有些人善于处理空前的大难题，也有一些人善于在大难题解决后，一点一点地把小事处理好，直至完全恢复稳定状态。

读者也可以尝试着去解答德鲁克的问题，或者思考具有自己个人特色的工作方式。

小组合作3：工作方式

致以小组形式共读这本书的人：

请你们在组内互相分享自己的工作方式。

届时，请倾听方的组员从如下角度提出问题。例如："如果你的下属采用这种工作方式，你应该将哪些工作交给他？需要注意哪些事项？"

如果小组里有你认识多年的老朋友，请你客观地帮他们指出其工作方式。

在说完上述"长处"与"工作方式"后，我想在此对"先天条件"进行一些补充说明。

毋庸置疑，我们后天习得的技能或知识会对职业成就具有较大影响。

然而，一个人先天拥有的或在幼年时期形成的个性、特质等也会对职业成就产生极大影响。我认识两位总经理，他们小时候都曾被迫辗转于亲戚家中。这两位总经理都具有非凡的环境感知力，善于照顾周围人的感受，也善于洞察人心。我认为这些都是在幼年时期培养出来的能力，并且相比于后天习得的技能或知识，他们的成就更多地取决于个性或特质。

一个人的个性和特质是很难改变的，事实上也根本没有改变的必要，我们只需要让这个人善于运用自己的个性或特质来创造绩效。所谓"知人善用"，便是如此。

德鲁克说的"发挥长处"指的是一种态度或行为，即以"这个人能做什么""这个人擅长什么"的视角看待他人。我们很难看清他人的长处。即便如此，也要见人之长，而非见人之短，以"这个人能做什么"的视角看待他人，这种态度或行为十分重要。

德鲁克说："任何试图改变成年人人格的努力都会以失败告终。我们所要做的并非改变这个人的人格，而是让他就这样利用现有的条件来取得成果。"

他强调："不能将一个成天关注别人短处的人安排在管理者的岗位上。管理者对他人的长处漠不关心，会破坏组织精神。身处管理位置的人，必须了解下属的能力范围。但他应该将这些看作下属能够做到的上限，或应该挑战的极限。"

对于接触过各种组织的人而言，德鲁克说的东西他们一看便知。如果一个组织由经常细数员工缺点的人来管理，整个组织就会士气萎靡，死气沉沉。

价值观

价值观可以体现什么东西对自己来说有价值。德鲁克曾经说过，他年轻时在英国听了凯恩斯的经济学课程，从而感悟到自己关心的并非"财富与经济"，而是"人与社会"。

不同的人和组织，其价值观也千差万别。有的组织注重"改善"，有的组织则注重"改革"；有的人相信价值在于"贡献"，也有的人相信价值在于"创造"。

不知为何，我始终运用彻底的改革思维。不管是在工薪族时期，还是担任家委会（PTA）会长，或者参与区域志愿者活动时，我都试图对宏观结构进行一番大刀阔斧的改革。另外，若把"贡献"和"创造"相比较，我对"创造"的关注要远远胜过"贡献"。

当我从公司离职走向独立时，曾经认真思考过"什么东西对自己来说有价值"。辞职时，我并没有想好接下来要做什么，因此在考虑未来规划的时候，花了不少时间去弄清楚"过去自己看重的是什么"，以及"今后自己想要重视什么"。

当我回顾过去那些重要决策背后的理由时，我觉得自己终于整理出了问题的答案。"你为什么选择去那所学校？""你为什么选择就职于那家公司？""你为什么决定出国留学？""你为什么决心离职？" 对我来说，这些决策背后的理由始终是四个关键词——贡献、创造、变革、挑战。当我在具备这些条件的环境下工作时，我总会心潮澎湃。

当我问道："对你来说，什么是有价值的？"有人会回答"家人"，这也毋庸置疑。不过，这里想请你思考的是与工作相关的事情，即什么是与工作有关，并且对你是有价值的。

小组合作4：价值观

致以小组形式共读这本书的人：

与此前相同，请你们在组内互相分享自己认为有价值的事情。

届时，请倾听方的组员从如下角度提出问题。例如："如果你的下属认为这件事情有价值，在委派工作的时候，你应该特别补充交代哪些内容？"

用好共事者

你在听到共读本书的小组其他成员的看法后，有何感想？我想你也一定察觉到了，不管是长处、工作方式还是价值观，都是因人而异的。每个人的长处、工作方式和价值观都截然不同。我在这一章开头中提到了每个人都有自己的长处和短处，相信你再次体会到了这一点。

德鲁克认为，在人际关系中，我们有以下两种责任：

（1）了解你的共事者
（2）向他人传达自己的想法

以上是日译本中的小标题的说法。如果追溯到原著，正确地表现出这两句话的含义，就会是这样：

（1）学会接纳。他人和自己一样，都是独一无二的。
（2）承担起沟通的责任。组织中的绝大多数人际关系问题，都源于人们不了解其他人的工作内容、工作方式、注意事项和目标。而人们之所以不了解，是因为彼此不闻不问，也不主动告知他人。

在我看来，"了解你的共事者"与"学会接纳。他人和自己一样，都是独一无二的"的意思大相径庭。

我之前说过，自己曾经在人际关系中产生了很多矛盾。其原因可归结为以下两方面。

一方面，尽管我认为自己是特别的，但我却无法接纳他人也是独一无二的。我可以轻松完成的工作，有些人却做不到；还有一些人不能立刻开始工作，这些都让我感到烦躁。另一方面，我曾经在不了解对方的缘由、在工作中看重哪些方面的情况下，就根据自己的想法或价值观去评判别人，然后不分青红皂白地愤怒质问道："你为什么要那样做？"又或者："你为什么要那样说？"

说句题外话。但凡想要在组织中身居高位的人，就必须做到"悦纳与自己不同的人的独特性"。那些站在组织金字塔尖的人都会说："身居高位的人必须学会用人，哪怕所用之人是和自己不同类型的人。"

当组织规模很小的时候，你可以只把喜欢的人留在身边，不辞劳苦地埋头苦干，可能会取得累累硕果。但当你成为大型组织的管理者后，就无法再用这样的方法来运营组织。这是因为，组织成员形形色色，想要提高组织成效，就必须让各种类型的员工都富有活力。

此外，德鲁克还指出，所有组织成员都需要思考以下三个问题，并让周围的人知晓：

（1）自我目标
（2）受到他人帮助的地方
（3）我对他人的期待

上述三个问题中，"受到他人帮助的地方"译自原著中"what they owe to others"，意思是"受人恩惠""受人帮助"。

比如，有些人虽然做事不利索，但是性格沉稳大气，只要有他在，气氛就会变得和谐融洽。通常情况下，他并不会意识到自己拥有这种能力。相反，他可能更在意自己做事不麻利。

有时，那些他人细小的无心之举，对自己反而是雪中送炭；也有的时候，只需别人主动地拓宽一点工作范围，自己的工作就会轻松很多。很多时候，我们往往在自己的事情上耗尽精力，根本无暇顾及他人。因此，员工彼此分享以上三件事情，就有助于组织整体的协调。

德鲁克说："管理者的具体职责，就是要创造出比投入的资源总量更大的成果。"也就是说，成果输出比资源投入更能构建一个规模庞大的组织。德鲁克强调，为此我们需要用人之长，避人之短。

此言多少有些冒犯，其实当我第一次听到德鲁克说"发挥长处"这句话的时候，心想：德鲁克说得好听，但到头来还是学者做派，纸上谈兵。在实际的工作管理中，想要提高组织成效，就必须先想方设法地攻克下属的短板。我觉得德鲁克并不了解管理者面临的现实处境。

然而，不明真相的是我自己。德鲁克所谓的"长处"

并非指技能或知识。当下属掌握的技能或知识不足以做出成果时，就必须让他不断学习、丰富经验，或给他提供教学，使其掌握这些技能或知识。但德鲁克所说的"长处"并不是这些，而是与前文提到的个性或特质有关，比如一个人能做什么。

在明白了这一点后，我试着回顾了自己的工薪族生涯。的确，有的管理者会不断挑出我的缺点，但有一位领导曾对我说："虽然国贞也有很多缺点，但是你能做到这件事，这是你的优点。"他看到了我的长处，并给我安排了工作。在他手下工作时，我总能怡然自得，也为组织做出了一定贡献。

当然，这位领导不止这样对待我一个人，他还看到了其他下属各自的优点。所以在他担任领导期间，全体员工都充满了活力，工作也收效显著。

我在这里给大家分享一个我自己的故事。实际上，当我明白德鲁克所说的"发挥长处"的真正含义之后，我的人生发生了一个翻天覆地的变化——那就是我和自己的两个孩子的相处方式。

曾经我想用一个理想的模型来塑造自己的孩子，我将自己十分擅长、自认为有价值的事情强加在孩子身上。但即便是亲人，每个人的天性也大不相同。在我了解到德鲁克所说的"发挥长处"的真正含义后，我对孩子的态度也有了巨大转变。我的核心思维转变为"如何才能发挥孩子的天性",以及"我应该为他们创造怎样的环境"。在这件事情上,我对德鲁克感激不尽。

身为管理者,什么才是最重要的

在前文中,我阐述了"知人善用"的重要性。接下来我想谈一谈另一个重要事项。

无论是在工薪族时期,还是在成为自由职业者之后,我都换过多种工作。当我还是工薪族的时候,我从技术部门被调到了人事部门,然后又转到了企划部门。我所在的事业部也进行了几次变动。在我成为自由职业者之后,我曾从事培训讲师、咨询顾问等工作。

也许我的话不太中听,但在尝试了各种工作之后,我发现所有的工作都大同小异。当然,工作的具体内容是各不相同的,例如在沙漠中建造制铁厂和在人事部门录用新员工,其工作内容完全不同。然而,不管从事何种工作,有两件事是永远不会改变的——一切工作都要求成果、一切工作都通过人来执行。

如果你问我"工作中最重要的是什么",我第一个想到的是,你能否和他人建立信任关系。不管你是技术人员、人事主管还是咨询顾问,都是如此。在我看来,优秀的销售员并不推销商品，而是推销自己，或者说，他们只是将销售产品纳入了与客户建立互信关系的过程中。

假如我问："想要与他人建立信任关系，什么最重要？"你会如何回答？请你暂停阅读，思考这个问题。这里并不是希望你给出一般意义上的回答，而是希望你根据自己的人生经历，来思考想要建立信任关系，什么是最重要的。

> **小组合作5：信任关系**
>
> 致以小组形式共读这本书的人：
>
> 想要与他人建立信任关系，什么最重要？请大家一起探讨这个问题。你可以通过这种思考方式感受到人生的年轮。

我在培训中一直很期待听到参加者关于上述问题的发言。聆听他们的回答，你能看出一个人的方方面面，小到工作方式，大到生活状态。

附带提一下，有一位学员对于该问题的回答言犹在耳。他提出了以下两点：

（1）理解他人内心的痛苦

（2）欣赏别人的短处，短处也很可爱

实在是精彩的回答。如果我能够做到以上两点，我相信自己会减少对他人发火的频率，也能够和任何人建立互信关系。能够做到这两点的人，自然会有人追随。

回到正题。关于这个问题的高频常规回答是：不说谎、不背叛、守约、诚实、换位思考、像对待家人一样等。

事实上，以上这些语义的回答都可以归结为德鲁克所说的"真挚"。我想只要是对德鲁克有一定了解的人，就都会记得德鲁克对"真挚"十分重视。

"真挚"在原著中是"integrity of character"。"integrity"这个词通常译为"高洁""诚实""一致性"。在上田惇生的译著中，"integrity"被译为"真挚"，但是在早期野田一夫编审的版本和有贺裕子翻译的版本中，则被译为"作为人的诚实"。

对于日本人而言，真挚意味着"认真""专心一意""诚心诚意"。但"integrity"这个词在英语里却并非如此简单。

德鲁克认为，界定"integrity"的概念非常困难。自从我开始学习德鲁克管理学之后，我就对"integrity"一词非常关注，每次碰到这个词便去查找它的释义。从我目前的理解来看，如果用一句话概括"integrity"的本义，那就是"一种贯彻自我道德观的实践"。

正如"integrity"译为"高洁""诚实"一样，

"integrity"在根源上包含道德观等含义。然而，只是拥有道德观的人，还称不上"integrity"，只有在实践中贯彻自己的道德观，才是拥有"integrity"品质的人。因此，"integrity"有时也被译为"言行一致""知行合一"。

在管理领域，《高效能人士的七个习惯》一书中屡次提及了"诚实"这个词。如果你读了这本书的原著，就会发现书中的"诚实"就是"integrity"。史蒂芬·柯维在《七个习惯》中，对"integrity"做了如下两点定义：

（1）对自己做出承诺，并信守诺言
（2）对不在场的人保持忠诚

先解释"对自己做出承诺，并信守诺言"。我将诚实定义为：使自己的描述符合现实。例如，坦白承认是自己的过失造成了现场混乱，不包庇、不掩饰自己的错误，这就是诚实。

但是，"integrity"比诚实更为重要，它的意思是，使现实符合自己的描述，也就是言必信、行必果的态度。不可否认，我们设定的数字目标有时不具有现实可行性，但有些人无论有多少不确定因素，也一定要努力实现自己定下的数字目标，这种人是值得信任的。

"对不在场的人保持忠诚"指忠实于不在现场的人，

即不阳奉阴违，不在背后说三道四。那些见风使舵、说话自相矛盾的人，是无法获取任何人的信任的。

从这层意义上来说，"integrity"也与"勇气"有关。哪怕是在人前难以启齿的话，也要敢于直言。换言之，表里如一的人格才是"integrity"。

再进一步，若将儒家思想与"integrity"相结合，则近似孟子所说的"万物皆备于我矣。反身而诚，乐莫大焉"。要而言之，"integrity"的含义是：只要扪心自问，无愧于自己的道德观，便可无所畏惧。

德鲁克认为，人人都可以学会管理者的工作。但是，只有一种资质是管理者无论如何都必须具备的——这并非才能，而是真挚。

德鲁克说："即使一个人才疏学浅，工作粗心大意，缺乏判断力和行动力，有时作为管理者也无伤大雅。但是，不管学识多么渊博，多么聪明机敏，工作做得多么出色，缺乏真挚的管理者都会破坏一个组织。这将损害组织最重要的人力资源，还会影响组织的精神和成效。"

身为管理者，如果你对自己的经验或知识感到担忧，只要寻求在该领域拥有经验或知识的人的帮助就好；如果你担心自己的头脑不够聪明，只要寻求聪明的人的帮助就好；如果扪心自问，无愧于自己的道德观，只要无所畏惧，光明磊落就好。但如果是做事卑鄙的人，或是无法建立信任关系的人去做管理，那么一切都将毁于一旦。

向上管理

在本章关于"知人善用"的讨论中，我还想谈一谈"管理领导"的话题。这看似有些夸大，但究其本质，无非还是知人善用。话不多说，让我们进入正题。

德鲁克认为，管理领导应该做到以下几点：

列出你的领导名单

想要管理上级，第一项任务就是创建一份领导名单。这里所说的领导是指，要听你汇报工作的人、指挥你的人、评估你的人，以及对你的工作成果不可或缺的人……应包括尽可能多的相关人士。

这里所说的领导，不仅仅指你的直属领导。从上述定义来看，像我这种情况，客户公司的总经理就是我的领导。

主动询问领导的需求

每年拜访一次领导名单上的人，询问你做的哪些事情对领导取得成果有所帮助，哪些事情成了阻碍……届时还应带上另一份清单，记录领导正在做的哪些事情对你的工作有帮助，哪些事情让你的工作不顺利。

十分惭愧地说，有时我为客户拼命做的事情，往往得不到其领导的高度赞扬。相反，有很多时候我以一种乐意效劳的心态，免费提供一些咨询合同范围以外的服务，其领导却表示十分感激。很多时候，你不问，就不会知道对方在想什么。

另一方面，评价领导的所作所为可能需要勇气。但如果尝试说出来，你就会发现，其实有很多工作是不必做的。当我还是工薪族的时候，有好几次我都做好了被老板批评的心理准备，并且鼓足勇气说："这项工作费时费力。"结果，对方风轻云淡地答："这样啊，那不做也行。"

了解领导的工作方式

每个人都有自己的工作风格和个人喜好。"你要明白，每一个管理者都有自己的工作方式、取得成果的方式和个人喜好……比如，领导是希望你每月汇报一次现况、计划与问题，还是只在有事需要汇报的时候才汇报？是书面，还是口头？是应该在早晨第一时间提供这些信息，还是应该在一天结束时才提供信息？"

我在前文中提过：想要知人善用，就必须了解他人的长处、工作方式及价值观。此处就对应其中的工作方式。

德鲁克还强调："关键是要意识到，帮助领导按照他的方式取得成效，这是作为下属的职责所在。"

请你也尝试思考一下，自己的领导有哪些独特的工作方式。

> **小组合作6：领导的工作方式**
>
> 致以小组形式共读这本书的人：
>
> 请大家一起讨论领导独特的工作方式。有些人在面对领导独特的工作方式时会感到很大的压力。

这里我们必须清楚地认识到，我们无法改变上级的工作风格。只要不出太大的事情，上面也不会更改工作方式。我们要理解领导的工作风格并配合他们。

我们还需要考虑另一个问题。正如你在面对领导的独特工作风格时会感到压力一样，你的下属可能也会因为你的工作风格而倍感压力。

我们每个人活着都会在无形中给别人添麻烦。人与人之间总是相互影响的。

发挥领导的长处

"想要管理你的领导，就得和领导建立互信关系。这需要领导有一种安全感，相信下属能够帮助自己充分发挥自己的长处并保护自己的弱点。"德鲁克还强调，你需要事先了解领导的习惯和个性。

这里便是向上管理的核心部分，与了解"长处、工作方式及价值观"中的"长处"密不可分。

请你也尝试思考一下，自己的领导有哪些长处。

小组合作7：领导的长处

致以小组形式共读这本书的人：

请大家一起讨论领导有哪些长处。领导也是常人，每个人都有自己的长处和短处。

德鲁克说："帮助领导充分发挥长处并保护领导的短处。"你在每天的工作中有意识地遵守了这一点吗？其实我们只要常去居酒屋，就会发现，几乎很少有人会在工作时考虑这些。

当我还是一名工薪族的时候，我也根本没想过这些。我以前很爱写东西，所以从来没有考虑过领导是读者型还是听者型，就总是给他们塞去一些长篇大论的邮件。我想，也许领导曾经认为我是一个不会照顾他人感受、很难相处的下属吧。

你只要想一想你的下属，就能马上领悟到"发挥领导的长处，保护领导的短处"何其重要。你一定也有自己独特的强项和弱项，如果你的下属在工作中有意识地帮助你充分发挥自己的优势，并且保护你的软肋，我相信那将是莫大的帮助。如此简单的道理，只需稍加思索便能心领神会，只是我们都没有落实到工作中去。

给领导提供信息

领导必须清楚，自己能够对下属有什么期望。这就意味着，你要了解下属将什么作为目标，以及优先处理的事情是什么……领导要知道下属想做什么。领导就是指，向自己的上级保证，对下属的成果❶负责的人。

不要让领导感到意外

工作中没有令人惊喜的意外。若是让领导负责的事情出了什么差错，就会使他蒙羞。所以，下属的职责就是在意外中保护自己的领导……在任何意外事件中，下属都要保护自己的领导。否则，领导将无法信任他们的下属，这一点毋庸置疑。

不要藐视领导

"绝不要藐视你的领导。如果你藐视领导的话，他会看穿你的想法。没有什么是比高估领导更明智的选择了。"

"没有什么是比高估领导更明智的选择了。"你怎么看这句微妙的表达？我感觉德鲁克对人际关系的深奥和复杂有着深刻的理解。

但在"不要藐视领导"中，原著里有一段话是日译本没有翻译的。我想译者或许认为，读者们应该能够从整篇文章中汲取原文的意思。下面就是这段话的译文及原文：

---

❶ "成果"译自原著"performance"，在日译本中是"工作表现"。"performance"在别处也被译为"成果"。此处为了让读者更容易理解，于是有意地翻译为"成果"。

"绝不可以低估领导。如果你低估领导,领导要么会看穿你隐藏的意图而无比愤慨,要么就会像你找到了领导的缺陷一样,领导也会挑出你的毛病。"(Finally, never underrate a boss. He or she will either see through your little game and bitterly resent it, or else see in you the same deficiencies as you see in the boss.)

我认为德鲁克想说的是:古今中外,所谓的人际关系就是如此。

到目前为止,我对"向上管理"进行了说明。年轻的时候只要你埋头苦干,多少也会取得一些成果。但当你的职位逐渐升高后,如果不和领导站到同一战线上,就很难提高工作绩效[1]。这是因为,你必须超越自己所掌管的组织范围,号召更多的人参与合作。如果无法和领导建立信任,你便不可能完成这种大型工作。

顺便说一句,我曾经组织过一次短期的德鲁克学习会。在那次活动中,"向上管理"是后来在职场中最行之有效的内容。这也说明"向上管理"是绝大多数人在日常工作中完全忽略的一点。

如前文所述,"向上管理"的本质有两点:一是知人善用;二是建立信任。每个人都有自己的长处和短处。想

---

[1] "绩效"译自原著"performance"。——编者注

要提高整体组织的成效，唯有取长补短，相得益彰。

现场实践内容2：建立信任，知人善用

请你在这里暂停阅读，在本章结尾的"现场实践内容记录"中写下你在学完本章后有哪些发现，以及你想在职场中尝试实践的内容。例如：

（1）和你的下属一起探讨彼此的长处、工作方式及价值观。

（2）在部门内部彼此分享"自我目标""受到他人帮助的地方""我对别人的期待"。

（3）在部门内部一起探讨，怎样才能发挥每个人的长处，取长补短，相得益彰，以提高组织整体的成效。

（4）拜访你的领导，询问你做的哪些事情对领导取得成果有所帮助，哪些事情成了阻碍。同时（在充分照顾好领导的感受下）告诉领导，他（她）正在做的哪些事情对你的工作有帮助，哪些事情让你的工作不顺利。

（5）尝试总结领导的长处、工作方式和价值观，并向本人确认。努力帮助领导发挥他的长处并保护领导的短处。

然后，请你务必付诸实践。

现场实践内容记录

小组合作8：第二次小组讨论

致以小组形式共读这本书的人：

这里，请再次召集你的小组成员（可以使用线上会议），围绕上一次作业，也就是你在第二章结尾的"实践结果记录"中记录的内容开展讨论。

请完成第三章中出现的"小组合作2"至"小组合作7"。

然后，请收集每个人想与组内其他成员交流的话题，在组内共同探讨。例如：在第三章中，哪些内容引起了你的共鸣？哪些没有？

最后，请每个人向组内其他成员宣读你在本章结尾的"现场实践内容记录"中写下的实践内容。

在下一次小组集结前，请你实践这些内容，并将实践结果记录在本章结尾的"实践结果记录"中，在下一次小组集合时和大家一起分享。

实践结果记录

在尝试实践后,你的收获、体会或心得……

有哪些事情进展得不顺利?下一步挑战是什么?你的烦恼……

第四章

激励与目标管理

在思考激励之前

管理者的五项工作

我在第一章中提到管理者的职责。

随后,我在第三章中进一步阐释了管理是什么,并将德鲁克写在《新现实》中的内容整理为以下五项内容:

(1)共同的目的、目标及价值观
(2)以个体责任、沟通为基础的组织一体化
(3)发挥长处(能做什么)
(4)成长(教育、训练、学习、自我启蒙)
(5)评价成果

实际上,德鲁克在《管理:任务、责任、实践》这本书中,将与上述五项有关的、更加具体的内容命名为"管理者的五项工作"。为了保持原意,我追溯到原著,然后更加简洁易懂地归纳为以下五点:

(1)设定目的与目标

（2）组织化

（3）激励与沟通

（4）培养人才

（5）评价成果

"设定目的与目标"[1]，任何组织都有目的。为了达到该目的，组织需要设定具体的目标。

"组织化"就是对工作进行分析和归类，必要时要将工作分解为具体业务，并将这些活动与业务纳入组织结构。视情况，你可能需要在组织内创建新的队伍或小组，并要知人善用，让每个人各尽其责。

"激励与沟通"中的"激励"是第四章的主题，我稍后会详细说明。

关于"激励与沟通"中的"沟通"，我已经在前面详细阐释过了。如果只是简单地让每个人承担起责任，整个组织并不会取得丰硕业绩，管理者还需要创造组织内部人员的良好关系，实现组织一体化。此外，想要让第一项中设定的目的或目标成为组织成员的共识，沟通同样

---

[1] 原著使用了"objectives""goals"等词，此处在日译本中译为"目标"。但是，"objectives"在不同的语境下，有时被译为"目的"，有时被译为"目标"。考虑到与其他部分的关联性，此处译为"目的与目标"。

不可或缺。

"培养人才"与组织成员的成长息息相关。管理者必须通过工作或教育、训练、学习及自我启蒙，来实现组织成员的成长和进步。德鲁克说："在我们能够利用的资源中，只有人的成长和发展是可以期待的。"进一步来说，社会是变化的。想要应对这种变化，教育、训练、学习及自我启蒙仍然是至关重要的。

对管理者而言，助力下属成长是极为关键的一项工作。我也会在本章对"人在工作中收获的成长"进行说明。

"评价成果"是为了进行回馈分析。想要评价成果，就必须先明确评价测量的标尺，并且这种成果评价要对组织内的每个人一视同仁。成果评价的标准必须根据组织或个人的具体情况进行具体分析，所以本书不做探讨。

以上，我简单说明了"管理者的五项工作"。在本章中要说明的"激励"和"人在工作中收获的成长"，与德鲁克所提出的组织"三项任务"中的第二项"提高生产力"，即与"卓有成效的工作和员工"（productive work and worker achieving）密切相关。

"productive work"指卓有成效的工作，也就是能够链接成果的工作。这不仅需要我们对工作进行有条理地分析、设计，使工作本身能够转化为成果，更要使员工变得富有生产力，即让员工拥有做出成果的能力。

"worker achieving"对日本人来说较难理解。在翻译德鲁克的著作时，上田惇生将"worker achieving"译为"发挥员工的价值""使人创造成果""自我实现"，另一位译者有贺裕子则翻译成"使员工富有成就感""满足员工做成一件事的需求"。换句话说，"worker achieving"和"自我实现"一样具有十分宏大的含义，其中的一个关键词就是"成就"。

人们工作不仅是为了薪水，还有通过工作来寻求成就感、贡献、挑战、自我实现等。在我看来，"worker achieving"就是指员工积极主动、充满活力、富有价值感地投入工作时的样子。

德鲁克说："真正能被称作资源的只有人才。想要提高成效，唯有从人力资源中激发生产力……'管理'[1]的任务就是激发组织活力。"

人何时才会在工作中感知到意义

在学习德鲁克对于激励的观点之前，让我们先思考一下，自己何时会感到被外界激励。

---

[1] 日译本的翻译是"经营者"，原著中为"management"，因此在本书中译为"管理"。

请你思考一下：在自己的职业生涯中，你最能感知到工作意义的时刻源自哪些因素？不必从一开始就归纳这些因素。请先从各种不同的角度思考，并尽量多列举一些因素，如工作内容、工作方式、所处的环境与立场，与领导、下属及同事之间的关系，与客户或受益方的关系，评价和待遇等。然后，请尝试归纳出五个因素。

我担任管理培训讲师已有十余年，在培训会场经常会请参加者对这个问题开展小组讨论。结果，无论在哪个培训会场，参加者列举出的因素均如出一辙。我根据自己的培训讲师经验，将人们工作意义感的来源整理如下：

（1）被期望、被信赖，他人将重要或有意义的工作交给自己（责任）

（2）在工作中，可以自由地依照自己的意思做出自主判断（自主）

（3）挑战新的或更高难度的工作（挑战）

（4）不负众望、克服万难做成某事，取得成果（成就、成果）

（5）工作有助于他人，得到他人的感谢、肯定和赞扬（贡献、认可）

（6）通过以上过程感受到自己正在不断进步（成长）

（7）以上的前提是：拥有清晰的目的或目标，以及

精诚团结的队伍

据说，大多数人都在上面（1）~（5）的过程中体验到了工作意义。尤其是当年轻人从（1）~（5）中感觉到自己在不断成长后，他们的工作意义感就会得到提升。另外，我们必须牢记，当人们在（1）~（5）中感知到工作意义时，他们一定有着清晰的目的或目标。

这些是否和人们列举出的因素八九不离十呢？其实，有许多提示都蕴含在（1）~（7）中。这些都在告诉我们，领导应该如何激励下属。

顺便提一下，对于我在培训中提出的问题——"你最能感知到工作意义的时刻源自哪些因素"，学员在组内分享自己的经历时，每个人脸上都洋溢着喜悦、自信和自豪。看着他们的面孔，我总是在想："人们从工作中获得的东西，远比薪水重要得多。"

德鲁克关于激励的看法

什么是"用好人才资源"

接下来，我想介绍德鲁克关于激励的看法。我认为主要有以下五个关键词：

（1）成果（成就）

（2）贡献

（3）责任与自由

（4）挑战

（5）参与

下面我会对这些关键词进行详细说明。不过在这之前，我想先从什么是"用好人才资源"开始谈起。

德鲁克说："人是具有人格的存在，只有本人可以支配他自己……甚至连是否工作，本人都拥有绝对的决定权……因此，管理者必须经常激励人力资源。员工的动力决定了生产力。"

机器只要不发生故障，按下开关就能够启动。而人却并非如此，人总是需要激励的。不过，人的动力只要被激发一次，就能创造出令人惊叹的成果。

然后，德鲁克提出了以下几个关于人与工作的前提：

（1）人本身渴望工作

（2）人想要有所成就，取得巨大成就，并在自己擅长的事情上有所成就

（3）很多员工都是发自内心地想要做出成果

（4）人在工作中渴望收获比薪水更重要的东西

第一个前提"人本身渴望工作"这一点是不言自明的。当然，事实上也有一些人看上去完全不愿意工作。但大部分人都是想要工作的。反而言之，没有工作就意味着既没有薪水，也没有充实感。

德鲁克认为，第二个前提同样是显而易见的。至少就我个人而言的确如此。

因"需求五层次"而闻名的亚伯拉罕·H.马斯洛（Abraham H. Maslow）曾经对德鲁克管理学的基本观点之一——"责任"提出过质疑。他认为："如果不是身心都极为强大的人，责任和自我实现对其而言就是负担。"而第三个前提就是德鲁克对此做出的反驳。

德鲁克认为，我们应该将"很多员工都是发自内心地想要做出成果"这一点视为前提，否则便不可能抱有希望。他还反驳道，能够证明该前提正确性的事例不在少数。

相反，哈佛商学院教授罗莎贝斯·莫斯·坎特（Rosabeth Moss Kanter）却批评德鲁克的思想过于乐观。或许，第三个前提确实较为理想化。事实上，的确有一些人看上去对成果漠不关心。这一点我也会稍后再进行解释。

关于第四个前提"人在工作中渴望收获比薪水更重要的东西"，对知识劳动者来说，尤其如此。工资太低肯定会影响工作的动力，但人们工作并不只是为了薪水。

德鲁克的原著中有这样一段话：

"To make a living is no longer enough. Work also has to make a life. They do not necessarily expect to be enjoyable but they expect it to be achieving."

按照我的翻译，这句话的大意是："光是谋生已经不够了。工作必须塑造人生……工作不一定要快乐，但必须要有意义。"

接下来，在讨论如何提高人的积极性之前，我想简单地谈一谈"缺乏积极性的人"。

在管理培训中，我曾经要求学员绘制一条工作积极性曲线，来让他们总结从成为一名社会人到今天，何时积极性会上升，何时积极性会下降。

无论在哪个培训会场，这个问题的答案都相差无几。在表4-1中，我列举出了培训中出现的高频词。

如表4-1右侧所示。实际上，影响工作积极性的第一个方面是"工作本身"，例如未能取得成果、失去目标，以及工作毫无意义等。

表4-1 领导力的行为理论

积极性上升的原因	积极性下降的原因
1.工作本身(成就感、责任、贡献等) 获得成就感,目的或目标清晰,有所贡献、担当重任,能够按照自己的想法工作,感到工作有价值,获得成长、挑战	1.工作本身(成就感、责任、贡献等) 未能获得成就感,进度停滞、遭遇失败,失去目标、没有前途、焦虑不安,不被重用,工作毫无意义、工作风格千篇一律
2.与人相处(人际关系、认可度等) 受领导照顾,被信任、被理解、被认可,他人的评价高出预期,受到赞赏,有归属感、方向一致	2.与人相处(人际关系、认可度等) 与领导有矛盾,和周围人的关系不好、不被信赖、不被期望、不被赏识,价值观或意见不同
3.自己想做的事 想做的工作、称心如意的工作分配	3.自己想做的事 不想做的工作、违背意愿的工作分配
4.晋升和晋级 晋升、晋级	4.晋升和晋级 晋升太慢、晋升无望
5.身心健康 身心状态俱佳	5.身心健康 患病,身体不适,过度疲劳、压力大

影响工作积极性的第二个方面,就是"与人相处",

尤其是和领导相处。下属和领导的关系有时也与工作分配方式有关。工作积极性下降的大部分原因都在"工作本身"和"与人相处"方面。

第三个方面是"自己想做的事"。有时候被分配到不想去的岗位，也会导致工作积极性下降。但很多时候，人们即便被安排到自己不想去的岗位，实际干了几天反倒会发觉这份工作的乐趣。此外，有时只要有一位好领导，任何工作都会充满意义。与此相反的是，有些人去了自己想去的人气部门，结果发现周围高手云集，反而感到自卑、失去动力，这种情况也时常发生。

第四个方面是"晋升和晋级"。它也会对工作积极性产生巨大影响，但是否晋升有时不是个人能够决定的，所以我把它放在了靠后的位置。

第五个方面是"身心健康"。如果身心健康受损，人们的工作积极性也会下降。我们平时都没有注意到这一点，但健康地工作其实是一件难能可贵的事。

以上就是导致工作积极性下降的原因。其中，有很多都与这些问题相关：

（1）关于工作表现和能力的问题

（2）关于工作分配、部署的问题

（3）关于工作内容本身（无意义的工作、毫无成效

的工作等）的问题

由此看来，无论是渴望工作的人，还是缺乏工作积极性的人，从活用人才的视角来看，管理者所面临的课题都是：

"了解员工的'动机'，让他们参与进来，以激发他们的工作热情。"

激发工作热情的必要条件

那么，我们需要怎样做才能激发员工的工作热情呢？综合德鲁克这几本书的内容，我们可以得到三个关键词组——"责任与自由""高绩效标准与挑战""参与机会"。

责任与自由

德鲁克调查了美国、欧洲和日本的公司，这些公司在员工和工作的管理上都极其成功。德鲁克指出，这些公司管理工作的基础并非权限组织化，而是责任组织化。

"责任组织化"的原文是"organizing responsibility"，即明确组织中各个成员的责任，要求每个人各司其职，各尽其责。

在德鲁克众多的著作中，有这样一段话在我的脑海中挥之不去："如果一个人只做喜欢的事情，那是不可能获得自由的。那只不过是一种任性而已。这样做无法取得任何成果，也无法有任何建树。只有当一个人开始思考什么是自己的贡献的时候，他才能够获得自由。正因为有了责任，人才有自由。"

我有必要解释一下这段话。"只做喜欢的事情"在原著中是"to do one's own thing"。因此这段话第一句的意思是："只做自己的事情是无法获得自由的。这只是放任自我的表现罢了。"

更具体一点来说，假如下属对你说"我在自由地工作"。然而，如果这份工作无法带来期望的成果，那就只不过是放任自我的行为。如果你想自由地做一件事，就一定要拿出成果来。

再举一个例子。若我的客户说"是银行叫我这么做的"或者"是咨询顾问叫我这么做的"，那就是极不负责任的。想要自己承担责任，就必须按照自己的自由意志去做事。在欧美国家，"责任"与"自由"是一对不可分割的概念。

高绩效标准与挑战

德鲁克曾说："人想要有所成就，取得巨大成就，并在自己擅长的事情上有所成就。"对此，德鲁克做了以下补充：

（1）"吸引人们加入组织的是高标准。只有高标准会令人感到自豪。人们本身就渴望做出贡献。"

（2）"激励员工，尤其是激励知识劳动者，就相当于激发志愿者的动力……管理者必须让员工能从工作本身中获得满足感。最重要的是，必须给予员工挑战的机会。"

（3）"人的'开发'就是成长，而成长往往是由内而外的……换言之，对员工来说，工作必须时常成为一种挑战。"

（4）"没有什么比工作的高标准更能有效地激励员工不断改进工作了……反之，最会扼杀员工积极性的，莫过于关注最低标准。"

大部分人会在何时感到做一件事情是值得的呢？答案是在富有挑战性的时候。例如挑战全新的或更高水平的事物，或者是攻克难关时等。当然，高绩效的标准因人而异，难以企及的绩效标准只会削弱人们的工作热情。

但如果管理者未设定高标准，那么下属就会认为"反正工作只要随便做到这种程度就行了"，从而丧失斗志。最终，不仅员工得不到成长，无法从工作中获得自豪感和信心，而且整个组织也会变得死气沉沉、停滞不前。

参与机会

德鲁克说："只有当员工具有管理者的视角，即像管理者一样对整个公司的成功与存续负起责任，并以这样的视角看待公司的发展时，他们才能尽职尽责地做好自己的工作。而这种视角，只能通过参与来获得。"

更直白地说，员工只有在觉得自己的工作会对组织的成功产生巨大影响的时候，才会想把工作做到最好。

举个例子，假如你是道路接力赛的队员，当你认为自己的表现会影响到队伍的成败时，就会想要拼最好的状态。这并不是教练要求你做到最好，而是因为你相信自己是队伍中的一员，队伍的成绩与自己息息相关，才会想做到尽善尽美。这或许也是一种"责任与自由"。

因此，管理者必须让下属参与到组织成果的建设中，让下属也对整个组织的成效担起责任。

激励员工的具体方法

在前文中，我向大家介绍了激励员工的三个关键词："责任与自由""高绩效标准与挑战""参与机会"。在此基础上，我想介绍一下激励员工的具体方法。

帮助员工设立自我目标

身为领导，首先要做的就是明晰整个组织的目标。在组织目标尚未明确的环境下，下属的动力就无法被激发出来，因为他们根本不知道该朝哪个方向努力。

不过，关于我们该从什么角度来设立整个组织的目标这个问题，我将在第五章中进行说明。在这里，我先把前提设定为组织拥有清晰的目标，接下来继续深入讨论。

想要达成你设立的组织目标，需要让下属做的第一件事就是：让下属充分思考"我能做什么贡献？我应该承担什么责任"。这就是一种为了达成组织目标的自我责任，以及对于组织运营的参与。

不过，在让下属充分思考自己的贡献和责任之后，作为领导，你必须和他们一起设置下属的最终目标。这是因为，对整个组织的成效负责的是你，有权限和义务去判断下属设想的贡献和责任是否有效的也是你。

工作经验不足的人，自然不会为自己设定目标。有时，每个人的目标都不一样，管理者要给员工一个清晰的指令。

当然也存在一种情况，工作经验不足的人可能无法设立自我目标。有时候，领导必须对有些员工下达清晰明确的指示。

德鲁克说："对于个人来说，成长和发展就是能够自己决定应该对什么做出贡献。"身为领导，你对下属成长所负的责任就是不断地引导、帮助他们。

向下属询问自己的领导工作

若下属都明确了自己为了达成组织目标而设立的自我

目标，接下来领导要做的，就是向下属提出下面这两个问题，询问自己的领导工作。

（1）我或公司做了什么有益于你工作的事
（2）我或公司做了什么妨碍了你工作的事

领导想实现组织目标，需要下属在工作上通力配合。为了让下属取得更加丰硕的成果，领导必须鼎力相助，并为他们扫除一切障碍。

关注共同成果，将彼此视作资源

通过关注共同成果，领导和下属就会将彼此视作自己的资源。如果没有下属，领导就无法取得成效；下属也希望领导能够帮助自己发挥能力、获得成长，因此愿意为领导效劳，心甘情愿地追随其左右。

"目标管理"的真正含义与具体实践

"目标管理"不等于管理目标

很多企业都引进了"目标管理制度"。然而，运用好这项制度的公司似乎很少。

有些公司只是将目标管理制度作为一种决定工资或奖

金的工具。还有一些公司的目标管理是公司或领导单方面给员工下达指标，并告诉员工："完成指标就有奖金。"这就像在员工面前吊一根胡萝卜，领导则在后面抽着鞭子赶着下属往前走。这种目标管理方法是用来赶牛赶马的，而不应该用来管人。

其实，提出"目标管理"这个词的正是德鲁克。只不过，德鲁克所说的"目标管理"用英文讲就是"Management by Objectives and Self-Control"。翻译过来就是"通过目标和自我管理来进行管理"。德鲁克著作的日译本将其翻译为"自我目标管理"。

德鲁克所说的"目标管理"，本质上就是利用"自我目标"和"自我管理"这两大工具，来建立一个员工积极主动、富有活力的组织。换言之，这并非他人（公司或领导）主导的管理，而是使员工结合自身意志进行自我管理，是一种划时代的理念。

虽说是自我目标，但只要人们在组织里工作，那么自己所自由追求的自我目标也必须对完成组织目标有所贡献。

相信有很多读者会有这种感受：就算别人对你说"你应该自由地工作"，但只要你还在组织里工作，就不可能无拘无束。总会有工作不断地被指派下来。

不可否认，确实工作会不断地落到你头上。不过，请你回想一下自己公司里的工作能人。对工作能力强的人来说，上面总会指派一些十分棘手的工作，有时甚至超出了他们的专业领域。比如，有时候在技术部门业绩斐然的员工会被调到营业部门，在新的部门攻克公司难题等。

不过，工作能力强的人往往会在新部门里积极主动地处理难题。他们会自主思考，获取所需的新知识，并用自己的方式取得成效。这正是"责任与自由"。

在我担任课长时，领导对我说了一句话，我至今记忆犹新。他说："国贞，恭喜你晋升课长。课长的工作就是把组织的目标和个人的目标统一起来。"不过，当时的我一头雾水，完全听不懂他的意思。直到后来我学习了德鲁克管理学，才终于理解了领导的话。

我在这里重申一下：当一个人在别人的指挥或管理下工作时，他很难感到幸福。只有在工作中发挥主观能动性，才能获得幸福。只要你是组织中的一员，你就必须对组织有所贡献。

德鲁克说："自我目标管理才称得上是管理的哲学。"正如第一章提到的，管理者的职责是取得成果，以及创造一个让员工能够积极主动、富有活力、感受到价值的工作环境。如果我们将其落实到个人层面，自我目标管理就是使员工朝气蓬勃地工作，以此来为组织创造成果的不二法则。如果借用德鲁克的话，自我目标管理就是"协调个体与整体的目标"。

以上，我为大家阐释了德鲁克管理学中的自我目标管理。此处，你也许会觉得和前文说明毫不相干——我想请你尝试回答下面三个问题。至于我为什么要在这里提这些问题，希望你暂且将困惑放在一边，并认真思考一下：如果你的直属领导对你说了下面这些话，你会怎样回答？

（1）你应该为哪些贡献负责

（2）你认为领导对你怀有怎样的期待

（3）你要如何才能最大化发挥自己的知识与能力

这三个问题都值得深思。你是否自信地写好了答案呢？

其实，我在这里向大家抛出这些问题，并不是想要确认大家能否写出令人满意的回答。我想向大家确认的是，你认为你的想法和领导的想法是完全一致的吗？

如果二者完全一致，那么我相信你和领导之间已经进行了很好的沟通交流，建立了良好的信任关系，成为心意相通的"我们"。

但通常来说，领导的工作范围要比你更宽，掌握的信息更广，肩负的责任也要比你的大得多。所以，你的想法和领导的想法往往是不一样的。

差异并不是问题。你与领导的立场不同、责任不同，对待同一件事自然有不同的看法。重要的是，要先认识到你们之间的差异，以此为出发点开展真正的沟通，相互理解，进而建立一种无声的默契。

并且，存在差异的不只是你和领导，你和下属同样如此。这也是由于你和下属在着眼范围、责任大小等各个方面均有差异而造成的。

德鲁克建议你可以让下属写一封"致管理者的信"。

（1）请你根据自己的理解，写下领导和自己的职务目标

（2）写下自己应达到的业绩标准

（3）列举你必须做哪些事来达成目标

（4）写下部门内部的主要问题

（5）分别举出领导和公司做了哪些对你有利的事、哪些对你不利的事

（6）为了达成目标，提出下一年度的实行计划

让下属写一封"致管理者的信"之后，你就会立刻意识到下属的想法和你的想法之间存在差异。

这里重申一下，存在差异并不是问题。重要的是，要意识到你们之间的差异，并以此为出发点开展真正的沟通，相互理解，建立一种无声的默契。

在此，让我们总结一下从第二章到目前为止的内容。

"自我目标管理"必须从让下属充分思考"在这个组织里，我应该做出怎样的贡献"开始。这就是对激发员工动力至关重要的"责任""贡献""参与"。

然后，领导有权限和义务去判断下属设想的贡献和责任是否有效。这是因为对整个组织成果负责的是领导，也就是你自己。

德鲁克认为，领导可以利用"人才"以及对他们的"要求"来创造绩效。领导应该要求下属做的，并非"与工资相符的合理劳动"。这种是最低水平的要求，相当于让下属只做自己规定的工作。

领导需要要求下属去完成比合理劳动更多的东西。即必须要求下属以组织目标为导向，积极贡献，并打破"合理"的框架，做出发自内心的贡献。

"自我目标管理"的出发点是下属自己想要做什么。不过从结论上看，有时可能还是领导的一句"你把这个做了"。

德鲁克说："自我目标管理的目的，就是要明确领导和下属的理解方式差异在哪里……下属可以从自我目标管理中获得其他方法无法带来的经验。从这些经验中，他们会了解决策的真相、轻重缓急的优先顺序问题、想做之事与该做之事间的抉择，以及最重要的是，了解决策的责任。下属也许不会像领导一样看待问题……即便如此，下属也能体会到领导的立场是复杂的。并且，他们也明白这种复杂性天生就存在于领导的立场中，而不是领导喜欢才创造出来的。"

这正是第二章"沟通"中介绍的"共同体验"。沟通并不是单向地从"我"到"你"。只有在拥有共同体验的"我们"之间，在从一方到另一方的关系中，沟通才会发生。

综上所述，自我目标管理的方法，无论是在领导和下属共同关心的问题上，还是在"共同体验"上，都是极其有效的意见交流工具。

运用基础知识，处理实际中的复杂难题

读到这里，你可能会觉得："我能够理解德鲁克的基本观点，但是在实际工作中，有些人不愿意承担责任，有些人不知道自己该做什么。我做管理最头疼的就是遇到这些人。只用德鲁克的方法是解决不了问题的。"

你之所以会这样认为，是因为到目前为止，我们还没有详细地讨论过个例。在实际工作中，情况是多种多样的，人也有很多种类型。如果你认为"只用德鲁克的方法解决不了问题"，那么领导力理论中我尚未介绍的"权变理论"也许会给你一些启示。

在权变理论中，尤其著名的是肯·布兰查德（Ken Blanchard）的情境领导理论（situational leadership theory）。

通常我们取首字母，把它叫作SLT，现在演变成为SLTⅡ。

如图4-1上半部分所示，肯·布兰查德的SLTⅡ理论将领导者的行动分成"指示"和"支持"两种。领导会根据下属的成长阶段，分别采取"指示"和"支持"行动。

如图4-1下半部分所示，下属的成长阶段是从"D1"到"D4"，从右至左逐渐成熟。

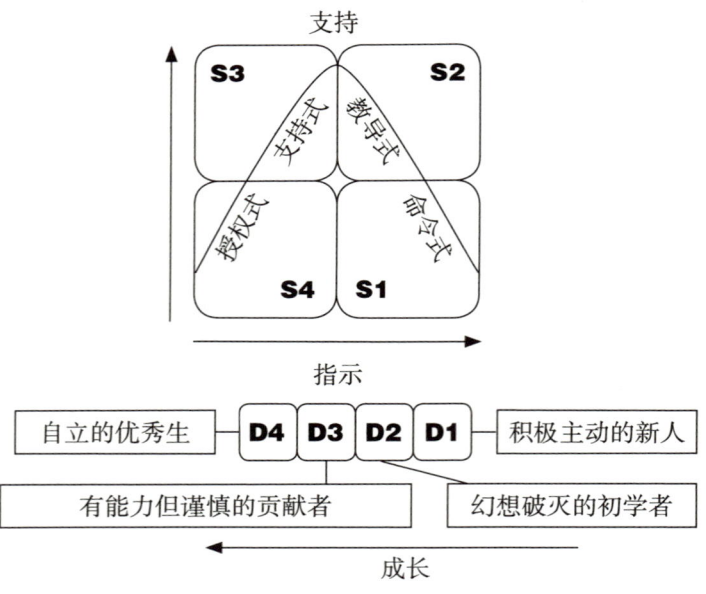

图4-1　肯·布兰查德的情境领导理论（SLTⅡ）[1]

通常情况下，"积极主动的新人"都会充满动力（当

---

[1] 资料来源：美国肯·布兰查德公司官网。

然，这要看个人情况），但也缺乏工作经验。也就是说，这类人指的是有动力却不知道该做什么的人。对于这类人，领导者的行动就是明确下达指示。比如告诉下属："这是你的工作，方法是这样，有什么不明白的，可以去找……"肯·布兰查德把这种管理方式称为"命令式"。

然后，稍微成熟一点的新人就会变成"幻想破灭的初学者"。大部分新员工在刚进公司时都充满动力，可是一旦真正投入工作中，他们就会逐渐失去积极性，或面对困难的工作不知所措，或难以取得成果，或为人际关系发愁（这一点也因人而异）。并且，由于工作经验不足，新人的能力可能不会很高。对于这类人，管理者在下达指令的同时还需要给予支持。"指示"是因为新人的工作能力还差得很远，"支持"是由于他们的积极性已经开始下降。此时领导的风格是兼具指导和支持的"教导式"。

随着经验不断积累，员工将变成"有能力但谨慎的贡献者"（这一点也因人而异）。这类人虽然有工作经验，也有一定的实力，但还没有十足的把握，还没有达到能够主动承担重要工作的级别。对于这类人，领导不需要下达指示。他们已经具备足够的工作能力，只不过还没成长到完全自信的阶段，所以需要给予支持。

进一步成长，员工就会成为"自立的优秀生"。这类人既有很强的工作能力，也有信心，可以独立完成一些棘手的任务。对于这类人，领导既不需要下达指示，也不需要给予支持，只需要说："交给你了，遇到麻烦了再来找我。你想怎么做就怎么做，最后由我来负责。"

权变理论认为，管理者的行为应该随着下属的状况而变化。不过，相信大家读到这里也感觉到了，权变理论只是一个类型化的模型。

在实际工作中，下属的情况会更加复杂多样。管理者的工作就是关注并察觉每个员工的状况，并做出恰当的反应。这才是管理者的本职，是机器人或人工智能（AI）无法取代的。

我想再举几个例子来分析一下管理者不知道该如何应对的情况。这并不在肯·布兰查德所说的四大类型范围内，但确实有一些人无论积累了多少经验，却依然无法做出业绩。在这种情况下，管理者应该怎么办？

德鲁克说："工作做不好的人，并不是他们能力不行。他们只不过是被安排在了错误的位置上……因此，管理者的工作就是思考，哪里才能让这些做不好的人变得卓有成效，取得成果。然后告诉他，你待错地方了。你应该去……"

正如第三章所述，每个人都有自己擅长和不擅长的事情，都有自己的长处和短处。管理者的一项重要工作就是知人善用，唯才所宜。

另外，有一些人不同于成效低下的人，他们有能力但不愿意接受挑战。这种人要怎么对待？德鲁克说："原则上，机会要给予挑战者。不挑战的人，可以放置一旁。"

我对"原则上，机会要给予挑战者"这句话毫无异议。不过在我看来，"不挑战的人，可以放置一旁"这一点有些令人发愁。因为人并不是随时都能够处在一种挑战状态的。

我在前文中提到，在管理培训中，我会要求学员画一条工作积极性曲线。表4-2就是我在工薪族时期的工作积极性曲线。

迄今为止，我见过很多学员的工作积极性曲线，没有一个人在进入社会后对工作的热情始终保持在100%，也没有一个人始终是零。每个人都会因各种原因而变得精力充沛，或者颓废消沉。

人们确实会由于各种各样的原因而丧失动力。人失去了动力，就会没有挑战的意愿。我认为，对于不愿意挑战的人，我们需要思考其背后的深层原因。针对不同原因，自然会有相应的对策。

德鲁克虽然主张"不挑战的人，可以放置一旁"，但同时他也说"人是弱小的，弱小得可悲。人会引发问题，

表4-2 国贞克则的工作积极性曲线

年份	工龄	事由（工作积极性变化的原因）	工作积极性曲线 低 / 高
1983	0	加入公司（进入理想的公司） 现场参观钢铁厂（一切都很新鲜，初入社会的喜悦）	
1984	1	被分配到海外品牌出口部门（称心如意的岗位） （每天夜里十二点后回家，忙碌而充实）	
1987	4	缅甸出差，现场监督工程，指导作业	
1988	5	被调到人事部（不想做人事工作，但也有被选拔的优越感）	
1988	5	（跟不上人事部精英的步伐，人生第一次感到强烈自卑，陷入抑郁） （担任所有技术类招聘工作，取得业绩） （受到共事成员的关照） （工作变得千篇一律）	
1991	8	被调到海外品牌事业总部策划部，重组项目事务局（结果不如预期）	
1994	11	留学	
1996	13	取得MBA学位，回到海外品牌事业总部策划部	
1997	14	晋升课长	
1997	14	调到钢铁事业总部海外事业部 （逐渐迷失未来目标） （遇到有愿景的优秀领导）	
1999	16	被调到建设机械事业总部海外部 （海外企业重大企业并购项目主管）	
2000	17	（对企业并购的方向性抱有疑问） （开始思考怎样活出自我，回顾自己最初想要珍惜的事物） 离职	

需要处理各种杂事。但你并不是因为这些才雇用他们的。雇用一个人，需要看他的长处，看他的能力"。这是德鲁克对人的观点，也是德鲁克管理学最根本的理念。

另一方面，有一些不愿面对挑战的人在得知不会被解雇后，会故意消极怠工。我们很难应对这一类人，但至少应当对他们毅然决然地采取赏罚分明的措施。

德鲁克认为，赏罚分明才是真正的管理。他说："人们会被奖惩方式所影响。对他们来说，相较于口头，奖惩制度才能让他们理解组织的价值、目的和任务。"

赏罚分明制度当然不是专门为消极怠工的人而设的，这也适用于脚踏实地工作的人。赏与罚，不仅指工资这种量化指标，还包括上级的言行等一些无法定量的东西。有时候，无法定量的赏罚反而效果更加显著。

如果要讲清每一种个例的应对之策，就会没完没了，但还有一件事我想说一下。刚成为培训讲师的时候，我将重点放在了所谓的"问题员工"身上，并对学员说："优秀的人在哪里都会进步。管理者的工作就是想办法拯救那些你无法放任不管的人。"然而，这种讨论只会变得死气沉沉，也得不出良策。

后来，每当看见好的组织案例，即整个组织成效显著，很多人都在充满活力地工作时，我常常觉得自己最初的做法是存在错误的。

当员工丧失动力，甚至失去了挑战的意愿时，我们的确应当去发掘深层原因，并采取应对措施。不过，我觉得管理者不应该在"问题员工"身上花费太多的时间和精力。管理者需要和下属一起为组织创造成果。

管理者对整个组织的成效负有责任。并且，想要整个组织卓有成效，就不应该关注组织的"问题"，而应盯着"机会"。

我在见过形形色色的组织后，越来越觉得德鲁克的判断是正确的——"很多员工都是发自内心地渴望做出成绩""人想要有所成就，取得巨大成就"。

管理者应该把时间和精力倾注到那些"渴望成果"的人身上。尤其是对优秀的下属，更要有极高的要求。他们的成果，将远远超出你的想象。德鲁克说："人，尤其是知识劳动者，会在回应外界的要求中不断成长。"

此外，德鲁克还说："在人类社会中，领导与下属之间的距离是恒定的。领导的工作表现提高，下属的工作表现也会随之提高。"

换言之，想要使整个组织卓有成效，与其将注意力集中在"问题员工"身上，不如关注你自己和你优秀的下属，还有那些"发自内心地渴望成果的人"，将时间和精力倾注到他们身上，帮助他们取得累累硕果。后者的成效要远远高于前者。

并且，如果在你和你的优秀的下属的领导下，整个组织都变得成效显著，那么整个组织就会摇身变成一个"成果导向"的团队。一旦整个组织的气氛变得积极向上，那些缺乏动力的人就会被感染，从而做出改变。看到那些员工富有活力的企业后就会发现，许多企业都会通过这种方式，来促进整个组织往好的方向发展。

虽然我们已经看过了好几种具体情况的解决方案，但实际情况要比这些更加复杂，我们只能在实际工作中随机应变。德鲁克说："人员管理不存在唯一的正确答案。"正因如此，那些在实际工作中承担责任的人们所说的"管理"，通常意味着想尽办法克服万难。

现场实践内容3：通过自我目标与自我管理的管理

请你在这里暂停阅读，在本章结尾的"现场实践内容记录"中写下你在学完本章后有哪些发现，以及你想在职场中尝试实践的内容。例如：

（1）"设立目标"是培养下属，助力他们成长的最重要的一环。"自我目标管理"是交流意见的有效工具。请基于这些观点，重新思考如何运用目标管理制度。

（2）让下属充分思考，自己对于达成组织目标所要做的贡献和要承担的责任。

（3）使下属充分理解自己作为领导的立场，同时与下属一起优化他的目标。届时，注意要让下属自己意识到，这是他必须达成的自我目标。

（4）为了下属将来的成长，进行回馈分析。例如，下属提升绩效所需的学习或自我提升有哪些方面。

（5）当自己在设立组织目标时，要与领导进行充分交流。设立的组织目标要有助于完成领导负责的整个部门的组织目标，或符合领导的期望。

然后，请你务必在实际工作中实践这些内容。

现场实践内容记录

小组合作9：第三次小组讨论

致以小组形式共读这本书的人：

这里，请再次召集你的小组成员（可以使用线上会议）。围绕上一次作业，即你在第三章的"实践结果记录"中记录的内容展开讨论。

然后，请大家一起交流每个人想与组内其他成员讨论的话题。例如：在第四章中，哪些地方引起了你的共鸣？哪些地方没有？

最后，请每个人向组内其他成员宣读自己在"现场实践内容记录"中写下的实践内容。

请你在下一次小组集结前实践这些内容，并将实践结果记录在本章结尾的"实践结果记录"中，在下一次小组集结时和大家一起分享。

实践结果记录

在尝试实践后,你的收获、体会或心得……

有哪些事情进展得不顺利?下一步挑战是什么?你的烦恼……

第五章

领导者的职能与领导力

组织领导者的要务

在本章中,我将重点谈一谈与领导者和管理者自身有关的事情。

我还是想先从一个问题开始。如果你的下属跟你说:"我感受不到工作的意义,所以现在正在考虑离职。"你会对他说什么?请回忆一下你心中最优秀的那位下属,思考这个问题。

> ### 小组合作10:下属离职
>
> 致以小组形式共读这本书的人:
>
> 请大家一起探讨,如果你心中最优秀的那位下属对你说:"我感受不到工作的意义,所以目前正在考虑离职。"你会怎样回应?相信一部分人有过这样的经历。

在工薪族时期,我曾经在人事部门工作了三年半左右。

那时,我的感受是:一个高离职率的部门和一个完全没有人离职的部门之间有着天壤之别。并且,没有人离职的部门都有一个共同点,那就是领导有着清晰的组织目标,并和组织成员共享。

只要我们具体设想一下实际工作，就能马上明白"共享有意义的目标"是何等重要。

我曾经给日本一家大型电器制造商的课长做过培训。在培训前，我先对参加者的下属进行了问卷调查，其中有这样一个问题："你对领导的哪一句话非常失望？"

许多下属列出的回答是："领导说'没办法，这是工作'。"下属或许会认为："您干这份工作是迫于无奈吗？如果是这样的话，那就去别的公司吧。我可不想带着这种情绪工作。"

我在第一章中整理了优秀管理者的特质与行为，我们从中可以看出，优秀的管理者身上都有一些共同之处。

对工作有想法

我认为，优秀的领导者都有自己的工作理念。那些迫于无奈才去工作的人，是不会有追随者的。

经管类书籍中经常会出现砌砖工人的故事。有人分别问两个砌砖工人同一个问题："你在做什么？"第一个工人回答："如你所见，我在砌砖。"第二个工人回答："我正在建一座教堂。"他们做的同样是的工作，但由于各自对工作意义和目的的理解不同，他们工作的积极性也截然不同。

工作价值是由什么决定的？我认为这并非是由人们从事的工作类别决定的。生产汽车的工作有价值，而制作拉面的工作没有价值，这是不可能的。工作价值取决于从事这项工作的人带着怎样的想法工作。

拥有坚定的决心

优秀的领导者还有一个共同点，通俗地讲，就是"拥有坚定的决心"。德鲁克经常使用"承诺"（commitment）一词，在日语中译为"誓约"。但这个词的原意包含了"深度参与某事"等，因此我认为与之相匹配的解释是"决心"。德鲁克说："没有决心就能成功的例子真是闻所未闻。"

在我看来，优秀的领导者都拥有一个毫不动摇的主心骨，这或许也与决心有关。那么，如何才能拥有毫不动摇的主心骨呢？答案就是在了解事物的本质之后，清楚地认识到自己应该重视什么。

勇敢无畏

此外，在读了德鲁克的著作后，我逐渐察觉到，勇气对于管理者来说是至关重要的。管理者需要在关键时刻，做出伴随着风险的决断。

如果把德鲁克认为需要做出风险决策的时刻列出来，那就是："设定目标时把重点放在哪里""如何在目标之间找到平衡""如何在时间轴上实现长期与短期的平衡"，等等。不管你选哪个，都意味着要做出取舍，抛弃一切其他的选项。这些决策都没有唯一正确的答案。管理者要做出决策，并对结果负责任。

沟通失败，往往是因为人们对同一事实的认知出现了偏差。事实上，这也是引起意见对立的原因。

德鲁克说："这一问题的答案就是，没有意见上的对立……。对立是由感知差异而引起的。"假如我们对同一事实有着相同的认知，那么给出的答案就会相差无几。很多时候，意见冲突源自我们对待事物的方式不同，即感知上的差异。所以德鲁克认为，决策的关键不在于回答，而在于对问题的理解。

什么是组织的领导者

组织领导者的首要职责

无论是领导者还是管理者，任何说法都可以，我想谈一谈领导组织的人应该先做什么。

对此，我想介绍下面这段由德鲁克给出的管理定义。

管理的根本作用是，"通过共同的目的、共同的价值观、合理地组织、训练与自我启蒙，使人们能够共同取得成果。"

这句话里涵盖了与"何为管理"有关的以下五项内容：

（1）共同的目的、目标及价值观

（2）以个体责任、沟通为基础的组织一体化

（3）发挥长处（能做什么）

（4）成长（教育、训练、学习、自我启蒙）

（5）评价成果

关于这五项内容的实际文章篇幅要比上面多得多。关于"共同的目的、目标及价值观"，图5-1左侧是原著使用的说法，右侧为对应的译文。

① mission	使命
② unifying objectives	将人们集合起来的目的
③ shared values	共同价值
④ common values	共同价值观
⑤ common vision	共同愿景
⑥ common goals	共同的最终目标

图5-1　共同的目的、目标及价值观

以上这些内容就是组织应该重视的，这与组织的使命和存在意义是一脉相通的。

也就是说，无论是领导者还是管理者，领导组织的人都应该先明白：自己领导的组织为了什么而存在？重视的

是什么？目的是什么？

毋庸置疑，一个组织的领导者必须首先指明要朝着哪个方向前进。否则，下面的人也不知道该往哪里走。

明确组织目的至关重要。这是因为，组织领导者如何界定组织目的，事关组织成员的工作内容、工作意义和工作积极性。

我想介绍一个咨询客户的案例。在本书开头，我介绍了一家走出低谷的公司。该公司是日本大型制造商在日本国内的销售子公司，出于这一性质，该公司设立了一间"客户洽谈室"。

"客户洽谈室"主要负责处理客户投诉。我听过录音磁带，他们确实收到了很多不堪入耳的投诉。话务员成天面对这些问题，也会失去动力。

当时，客户洽谈室换了一位室长。新室长宣布："客户洽谈室的真正目的并不是处理投诉。客户洽谈室的特色和优势就是，比任何人都更贴近顾客。聆听顾客的真实想法，并运用到产品开发中，这才是我们客户洽谈室的真正目的。"

这位新室长曾经是一位产品开发经理。他还建立了一个渠道，把公司客户洽谈室收集到的意见直接反馈到了包括母公司产品开发部门在内的产品开发环节中。

尽管提出了新的目标，但九成以上的日常工作仍然是解决投诉，一切照常。然而，随着组织目的的改变，话务员开始积极地询问顾客，并试图把顾客的建议应用到产品开发环节中。

这恰如砌砖工人的事例。即使两个人都在从事同样的工作，但根据他们对工作意义和目的的不同理解，工作积极性也是截然不同的。从上述事例中，我深刻地认识到了组织领导者界定组织目的的重要性。

下面是德鲁克对"使命"（mission）的一段描述，我尤其喜爱："使命要高于一切能力，要提升人的格局，要让人们相信你为改变世界做出了贡献，要让你可以说出，每个人的生命都有意义。"

德鲁克还强调："领导力就是把一个人的眼界拓宽到更高的水平，把一个人的成就提升到更高的水平，扩大其格局，使之超越通常的局限。"

这位客户洽谈室的室长在设定组织目的时，也符合上面的描述：拓宽人的眼界，提升绩效水平，扩大组织成员的格局，让人们相信你的工作对组织和社会有所贡献，让每个人感到自己的人生是有价值的。

此外，作为一名组织的管理者，要想为你所领导的部门设定目的和目标，你就需要知道整个组织的目的和目标。这是因为，部门的目的和目标必须为整个组织的目的和目标服务。

组织的目的、目标与价值观极其重要。德鲁克说：

"所有组织都必须拥有简明扼要的目的,能够让人们团结在一起……并且,从组织目的中诞生的目标也必须是清晰明确的,要让众人皆知并时刻确认。"

现在,请你先确认一下,你所领导的组织为了什么而存在?重视的是什么?目的又是什么?

小组合作11:组织的目的、目标与价值观

致以小组形式共读这本书的人:

请大家一同探讨,你所领导的组织为了什么而存在?重视的是什么?目的是什么?相信你能体会到,每个人都拥有自己看待事物的方法和分析方式。

在谈论下一个话题之前,关于设定目的和目标,我要告诉你们另一个重要的问题,那就是权衡短期与长期。

德鲁克提出:"管理必须时刻着眼于现在和未来、短期与长期。"

德鲁克还指出,管理者拥有具体的职责:"(管理者)要在他的一切决策与行为中,兼顾当前和长远的需要。牺牲其中任何一项,都会将组织置于危险之地。"

这里的时间因素,即平衡短期与长期,是管理者的重要职责。

进一步，我想对"管理的根本职责"与"管理者的职责"做补充说明。

德鲁克将管理的根本职责定义为："通过共同的目的、共同的价值观、合理地组织、训练与自我启蒙，使人们能够共同取得成果。"

这段话的原文是：

"To be sure, the fundamental of management remains the same: to make people capable of joint performance through common goals, common values, the right structure, and the training and development they need to perform and to respond to change."

这段话反映了德鲁克的价值观。我想说的是什么呢？管理的职责所关注的，并不是简单地取得组织成效，而是"使人们能共同取得成果"（to make people capable of joint performance）。

在第一章结尾，我暂且将管理者的职责定义为：与组织成员共同实现组织的目的和目标。德鲁克自然是非常看重成果的。但是我与德鲁克的界定有很大差异——是以成果为中心，还是以人为中心。德鲁克关注的常常是人。

进一步来说，我们为什么需要"训练与自我启蒙"呢？答案是为了"要取得成果，要应对变化"（the training and development they need to perform and to respond to change）。

以上就是我对德鲁克定义的"管理的根本职责"（the fundamental of management）做的补充说明。除此之外，德鲁克还列举了两种"管理者的具体职责"（specific tasks of manager）。

第一种职责是通过发挥人才优势，减少"短板"，以创造出比投入的资源总量更大的成果；第二种职责则是自己在所有决策与行为中，都要兼顾当前和长远的需要。

通过"管理的根本职责"与"管理者的具体职责"，我们可以发现德鲁克的基本思想主要有两点：一是充分利用每个人的优势，实现整个组织的效益；二是要应对不断变化的社会。

德鲁克的领导力思想

在此前的文章中，我们并没有区分"领导者"和"管理者"这两个词。这是因为"领导者"和"管理者"在领导组织上具有相同的职能。

但是，从整合组织的观点来看，管理者不但要有领导力，还要有追随力（followership）。这既体现在下属对领导的追随力，也体现在把工作交给下属之后，领导对下属的追随力。进一步而言，纯粹管理意义上的管理职能也十分重要。我反复强调过，这是因为管理者的大部分日常工作都是进行计划和进度管理。

在此，我想介绍德鲁克看待领导力的以下几个观点。

领导力是行动

领导力与超凡魅力毫不相关。领导力并不是什么神秘的力量，它是普通且单调的。领导力的精髓在于行动……目的是十分重要的。

领导力的发挥和资质无关。在我的培训中，有的学员认为："我没有个人魅力，不适合成为一名领导者。"领导力与个人魅力也无关。德鲁克相信，历史已经证明了这一点。

领导力并不是神秘莫测的，只是一种普通的行为，与资质、魅力无关。重要的是，我们发挥领导力的目的是什么。

领导力是工作

"我们要把领导力看成一种工作……有效的领导力建立在对组织使命进行透彻的思考，并将其明确定义和确立为一种可视化的形式上。领导者是指确定目标，决定优先权，制定和维持标准的人。"

我们只需要把领导力当成一件工作来做，并且要做的第一件事是"透彻地思考组织使命"。换句话说，就是明确你所领导的组织为了什么而存在，重要的是什么，目的是什么之后，再开始一切工作。

领导力是责任

"领导力不是地位，不是特权，而是一种责任……一个真正的领导者,知道要承担最终责任的不是他人,而是自己,他并不惧怕下属……正是由于他们会对下属的失败负最终责任,所以他们不会把下属的成功看作一种威胁,而更倾向于视为自己的成功。"

任何为组织工作的人,包括总经理在内,都没有什么特权,有的只是责任。职位越高,责任就越大。

德鲁克建议,如果一个人对优秀的下属感到威胁,那么就不应该将他任命为管理者。这种人的为人是软弱的。管理者对组织成果承担最终责任,当一个管理者认识到了自己的责任之后,他就会渴望优秀的下属。

领导力是成为模范

"领导力是成为模范……只要走上正确的道路,哪怕是普通人也能够在组织中出人头地……(模范)就是一个组织的代表,一种标准的象征……领导者要养成一种习惯,在一切行为中都要扪心自问:'第二天早晨,镜子里的那个人是否就是理想中的自己'或者'是否希望自己的领导也是这样'。"

你要经常扪心自问,看看你是不是自己理想中的领导者。这样可以避免自己做出缺乏"真挚"(integrity)的行为。

领导力是能够取信于人

"领导者只有一个定义,那就是有追随者。"成为领导者的必要条件是能够获得他人的信任，否则谁也不会追随你……获取信任，并不一定就是要让下属喜欢上自己，也不是经常得到他们的认可，而是让他们相信领导说的话是出自真心实意。领导者必须将宣称的信念与行为保持一致，至少不能使它们自相矛盾。

"领导者只有一个定义，那就是有追随者。"这些都是德鲁克独一无二的观点。既切中要害，又让人茅塞顿开。

不管我们如何学习领导力或管理，都没有方法能让下属按照自己的意愿行事，唯有使自己成为下属心甘情愿去追随的人。因为，决定下属追随谁的人，是他们自己。

想要成为这样的人，关键就是德鲁克一再强调的"真挚"（integrity）。

现场实践内容4：你所领导的组织的目的、目标及价值观

请你在这里暂停阅读，在本章结尾的"现场实践内容记录"中写下你在学习第五章后有哪些发现，以及你想在职场中尝试实践的内容。例如：

（1）明确组织的目的、目标与价值观。换句话说，即弄清楚你所领导的组织为了什么而存在，重要的是什么，目的是什么，并与领导和下属分享。

（2）询问你的下属，你所明确的组织目的、目标与

价值观是否也是他们想要追求的。

（3）询问你的领导，你所明确的组织目的，以及对短期目标和长期目标的权衡是否合理。

（4）发挥自己的独特优势，将领导力视为一种工作，并付诸实践。

（5）与领导和下属建立信任关系。

然后，请你回顾一下本书的第一章至第五章的内容，思考你希望在实际工作中成为怎样的领导，并将想法写出来。

现场实践内容记录

你想成为怎样的领导

小组合作12：第四次小组讨论

致以小组形式共读这本书的人：

第一，请再次召集你的小组成员（可以使用线上会议），围绕上一次作业，也就是你在第四章结尾的"实践结果记录"中记录的内容开展讨论。

第二，请以小组形式完成第五章中出现的"小组合作10"和"小组合作11"。

第三，请大家一起交流每个人想与组内其他成员讨论的话题。例如：在第五章中，哪些地方引起了你的共鸣？哪些没有？

第四，请每个人向组内其他成员宣读你在本章结尾的"现场实践内容记录"中写下的实践内容。

在这次小组讨论中，最后还想请大家一起讨论本章结尾的"你想成为怎样的领导"。我想你们一定会看到许多人都抱着一种积极和纯粹的心态。

本次是最后的小组合作，因此我没有像往常一样准备"实践结果记录"。不过，这次也希望你能在实际工作中落实本章结尾的"现场实践内容记录"中的内容。

德鲁克反复强调："管理学与其他学科完全不同。如果不付诸实践，管理学便没有意义。"想要在商业世界生存，唯有以实绩一决高下。若缺乏实绩，无论我们如何学习管理学都没有意义。成果不在于知，而在于行。

第六章

解决管理者的烦恼

这本书也要接近尾声了。在本章中要着重解决管理者的烦恼。

大多数管理者的共同烦恼及解决对策

在给多家公司开展管理培训后，我发现管理者有着各种各样的烦恼。其中有一些是大部分人的共同烦恼："独立工作效率更高""没时间浪费在管理上""被分配到一个完全不熟悉的部门做管理""下属不按自己的意愿行事"。

读完了第五章，我相信大家已经有一些解决烦恼的灵感。接下来，我会总结管理者的几个共同烦恼，并探讨解决对策。

独立工作效率更高

我非常理解"独立工作效率更高"的想法。一些管理者的工作处理能力比下属要高出几倍，并且有的时候，管理者还需要亲自处理一些紧急要事。但是，如果一个管理者认为独立工作效率更高，并一直是一个人工作，那也意味着他并没有认识到身为管理者的职责。

德鲁克说："如果无法取得实效，管理就是失败的……如果不能利用组织交给自己的经济资源来提高该资源创造财富的能力……，也是失败的。"下属是组织交给管理者的经济资源，也是在人、财、物这三种管理资源中唯一有望实现成长的资源。管理者的职责就是让下属不断成长，来取得成效。

在此，我提出一个问题："下属的工作和管理者的工作有什么区别？"这个问题能够以多种方法来解答，但有一点是毫无疑问的，那就是下属的绩效都是由自己贡献的，而领导者的绩效则要看下属的贡献。也就是说，身为管理者，你的工作成果取决于下属的表现。这就是所谓"人上人"的工作。

没时间浪费在管理上

"没时间浪费在管理上"，这是每家公司都会经常遇到的难题。在本书中，我提出管理与"成果"和"人"相关。在这个时代，绩效面临着更加严峻的考验，所以管理者需要花费大量精力来做出业绩，而不得不将花时间管理下属排在第二位。

那些说"没时间浪费在管理上"的管理者，最根本的问题就是在他们心中，培养人才的优先级非常低。

我和许多公司打过交道，很多工作能力强的人都承担着很多工作。但我还没看到有人一边抱怨"时间不够用"，同时又拥有很强的工作能力。

工作能力强的人会经常思考如何利用自己的时间，明确事务的优先顺序。

德鲁克曾在多家企业担任顾问，他曾向企业的管理人员提问："你的工作是什么？"如果你被问到相同的问题，会如何回答？

对此，销售主管回答："增加销售量和赢利。"财务主管回答："减少负债，打造健康的财务系统。"据说，德鲁克在听完所有管理人员的回答之后说："大家的观点中都存在一些错误。像大家这样的管理者，重要的工作难道不是提高员工的工作热情和能力吗？如果组织内部缺乏积极工作、能力超群的人，就不可能创造出优秀的产品或服务。"

尽管管理与"成果"和"人"有关，但德鲁克更加倾向人本主义。

在社会上，那些被称为"工作能人"的管理者，无一例外都把人看得很重。在本书开头，我介绍了一家通过实践德鲁克管理学走出低谷的公司。他们的总经理在方针书中明确写下了自己重视的价值观，第一条就是"把个人和组织的发展置于首位，一切活动和措施都要为了实现该目标而服务"。并且事实上，在某些情况下，他甚至不惜牺牲组织成果来推动下属的成长。

从长远的角度来看，管理者注重培养下属，无疑更能使组织取得丰厚业绩。现在，我想请你整理一下自己管理时的优先次序。

被分配到一个完全不熟悉的部门做管理

在完成这本书的初稿后，我看了索尼公司前总裁平井一夫所著的《索尼重生》（日本经济新闻社）。十分冒昧地说，当我读完这本书，我立刻觉得这才是真正的管理。

在索尼公司的复兴中，他们并没有做一些特殊举措。正如德鲁克所言，他们所做的仅仅只是与员工充分沟通，建立信任关系，并反思公司存在的目的，明确方向，创造令每一个员工都热血沸腾的工作环境。这些实践都体现了管理的本质。

平井一夫在索尼公司工作期间常常负责一些他并不熟悉的部门。因为缺乏经验，他不得不将工作交给别人。当时他十分看重两件事：一是不动摇方针；二是不要不懂装懂。用"真挚"（integrity）来形容他，再恰当不过了。

缺乏经验或知识，在管理上并不是什么大问题。重申一遍，只要你扪心自问时无愧于心，就可以挺起胸膛。不擅长之处，你只需要找擅长的人来帮忙就好。

下属不按自己的意愿行事

那些为"下属不按自己的意愿行事"而烦恼的人，并不明白活用人力资源的精髓。正如我在本书中提到的，在人力资源领域，员工本人拥有绝对的支配权。

进一步来说，"关于领导者的定义只有一个，那就是有追随者"。管理的本质不是要让下属言听计从，而是要让自己成为下属心甘情愿去追随的人，除此之外别无其他。

如果你回忆一下自己作为下属时的经历，就会立刻领会这一点。不管你的领导给你下达多么高压的指令，只要你不愿意做，最终你就只会以最低标准完成工作。反之，尽管工作很辛苦，但组织目标是清晰且富有意义的，并且领导还会不断帮助你，那么你就会积极地想要为公司做贡献。

公共机构取得成效需掌握的六条法则

公共机构如何才能提高生产效率呢？我想稍微谈一谈这个方面。

德鲁克列举了哈佛大学、明治维新时期的日本政府等事例，来说明非营利机构也能取得卓越成效，并提出公共机构想要取得成效，需要遵守以下"六条法则"。

（1）定义事业是什么，事业应该是什么
（2）遵循你对事业的定义，设定清晰的目标

（3）商讨活动的优先顺序，以成果为导向开展工作

（4）设置绩效评估标准

（5）用这些标准对组织成效进行回馈分析

（6）对比目标和成果

"定义事业是什么，事业应该是什么"的原文是："They need to define 'what is our business and what should it be'。""business"虽然在此处翻译为"事业"，但我觉得译为"工作"更为恰当。这里无非就是第五章中提到的，我们的组织为了什么而存在？重视的是什么？目的是什么？

在东京都政府的课长培训中，参加者谈到了许多变化带来的新挑战。听了这些讨论，我深刻地感受到了公共机构界定自己工作的重要性。在日本的公共机构里，需要解决的新问题已经堆积成山。

"设置绩效评估标准"对于公共机构来说十分重要。企业有利润这一绩效评估标准，但在公共机构中没有这种概念，因此需要建立一个标准来衡量组织活动是否有助于取得成果。关于公共机构设置绩效评估标准的事例，德鲁克提到，日本政府曾将识字率作为衡量社会发展的尺度。

"对比目标和成果"是德鲁克管理学的基本思想，即

关键在于先明确目标，再进行目标管理与回馈分析。

德鲁克对公共机构的人说："在这些法则中，最关键的是第六条。企业存在一种机制来迫使他们放弃从事非生产性活动，否则就会倒闭。而公共服务机构没有市场竞争，缺少该机制，因此公共服务机构削减没有成果的活动虽然十分痛苦，却是最需要做的一项决定。"

这并不意味着企业工作者就是优秀的，因为上述机制的存在使企业如果不废除非生产性活动就会破产。只有那些生产力高、契合时代发展的企业才能生存下去。

然而，在公共机构中却没有上述机制。要使公共机构高效运转，建立一个事业淘汰机制是至关重要的。基于这样的观点，德鲁克说："公共服务机构想要卓有成效，需要的并不是什么卓越的人物，而是一种机制。"

站在哪位巨人的肩膀上

在第一章中，我曾说过，要理解本质，就必须站在巨人的肩膀上，并且以德鲁克的管理学为基础，在书中对其进行了详尽阐述。但是，许多人可能会想：我们难道只应该站在德鲁克一个人的肩膀上吗？

管理学领域存在着各种各样的观点。但是如同乐坛和服装界一样，在管理学的领域也有"流行"与"过时"。

有很多管理理论曾经风靡一时，如今则无人问津。或者说，大部分的管理理论都如此。

然而，也有一些思想能够超越时间，流传至今。依我之见，不管是管理学还是其他领域，经得起时代的沉淀，经久不衰的才是真知灼见。谈到管理学领域中流传已久、垂范百世的大师，我立刻想到了一些名字。

先是迈克尔·波特（Michael Porter）。他所创立的"五力模型""价值链"等概念在商界早已成为"行话"。有时候，商业人士不明白这些话的意思，就无法参与到谈话中去。

迈克尔·波特的专长是战略理论。尽管迈克尔·波特与德鲁克对管理战略的看法不尽相同，但是他们所提出的战略理论在本质上是相同的，用一句话来概括，就是"差异化"。

菲利普·科特勒（Philip Kotler）是市场营销界的著名人物，被誉为"现代营销学之父"。事实上，科特勒和德鲁克的交情非常好。德鲁克的著作《非营利组织的管理》中就有科特勒与德鲁克的谈话。

尽管德鲁克说，市场营销是事业管理的核心，但他对于市场营销的方法论描述甚少。这或许是他留给科特勒的部分。

科特勒和德鲁克不仅是挚友，而且都对日本情有独钟。科特勒喜欢收藏古代日本人用来将药匣挂在腰带上的根附[1]，德鲁克则是一位日本水墨画收藏家。

近年来，科特勒在谈到德鲁克时是这样说的："我听说了人们最近对德鲁克的评价。听说有些日本人觉得德鲁克已经过时……如果有些日本管理者称从德鲁克那里已经没有什么可学的了，那么你将眼睁睁地错失那些能让你回忆起某些重要事情的珍贵机会。德鲁克绝不是一个定量分析的人，他是一个拥有大局观的人……德鲁克现在还活在我的心里。"

我认为，我们至少应该站在三位巨人——战略理论的迈克尔·波特、市场营销领域的菲利普·科特勒，以及代表整个管理学领域的彼得·德鲁克——的肩膀上。

然而，如前文所述，以"需求五层次"著称的亚伯拉罕·马斯洛、哈佛商学院的教授罗莎贝斯·莫斯·坎特曾经对德鲁克提出了批评。近年来，有人认为德鲁克理论的因果关系不够明确，或者缺乏科学的论证。然而，就像本书中提到的那样，只凭逻辑思维并不能揭开事物的本质。世界上有太多事情是我们知道却无法解释的。

---

[1] 根附是日本江户时期人们用来悬挂随身物品的卡子。由于和服没有口袋，所以根附是卡在和服与腰带之间的一个固定物，上面有一对绳孔，用来拴绳子，绳子的另一端则与各种随身物品相连。——译者注

比起别人如何评价，重要的是你自己对于真伪的判断。你要与怎样的人相处，秉持怎样的信念度过一生，这些都会塑造你的人生轨迹，这也是你自己选择的道路。

根据我自己的经历来看，我认为德鲁克管理学是具有可操作性的、行之有效的。假如你只想成为一个有学问的人，那就去学习各种各样的管理理论。但在商界，无法带来实际效果的理论毫无意义。德鲁克说："真正的价值不在于理论，而在于结果。"

或许我们也有必要学习最新的管理理论。不过在此之前，我认为应该先学习那些经久不衰的思想，以及在实战中行之有效的理论。

德鲁克想说的话

1994年冬季，我与德鲁克先生初次见面时，是在彼得·德鲁克管理研究生院的教室。U字形的阶梯教室中央放着一张长桌，长桌的一侧是学生用的座位，那里有几把椅子。就在我想着这样的桌椅安排有何用意时，德鲁克缓缓地走进教室开始授课。

德鲁克开了几句玩笑，让学生放松下来后，向学生抛出了一个问题："大家知道距今一百年前世界上哪些大学的学生比较多吗？"我的记忆不一定对，在印象中德鲁克提到了美国哥伦比亚大学、德国柏林大学、日本东京大学，然后说："那些重视高等教育的国家，在一百年后都取得了巨大的成功。所以，我也想把精力投入你们年轻一代的教育上。"

德鲁克在课堂上说道："在一些地区，有专家预测未来人口将呈现爆炸式增长。其中之一就是位于日本东京东侧的千叶县东北部。"我在留学之前曾经在千叶县住过一段时间，所以对于德鲁克知道千叶县这件事感到十分意外。确实，当时在千叶县东北部有好几个新城建设计划，其中有的达数十万人规模。我猜这也是为什么专家会预测，在这个弹丸之地，人口将达到百万人的原因吧。

如果你听了德鲁克的话，或者看了德鲁克的著作，就会发现他拥有超乎寻常的信息量和知识量，并且他在脑海中，将"历史"作为纵轴，将"世界"作为横轴，把这些浩瀚的信息和知识整理得井然有序。

一名德鲁克作品的翻译家曾经说："德鲁克的作品令人过目不忘。" 虽然我不确定他的评价是否属实，但一想到德鲁克，就会觉得他给人的感觉并不像在说谎。无论如何，德鲁克拥有异于常人的知识和智慧是毋庸置疑的。

作为本书的结束语，我想谈一谈德鲁克过去想说的话。在本书中，我曾多次提及，德鲁克将下列两点视为一个组织或一名组织的管理者必须要做的事情：

（1）成果和贡献

（2）知人善用

一切工作都要求成效。作为一个拿着工资的职业人，他的第一要务就是取得成果。这里的成果就是贡献——对顾客或受益方的贡献，对组织内的其他组织的贡献，对领导的贡献。个人用自己的贡献为组织带来利益，从而获得领取工资的资格。

知人善用。如本书开头提到的，德鲁克管理学是从"人的幸福"开始的。这就意味着，我们要怀着敬意去接近真实的人，让他们各自的长处和短处都能得到充分发挥。

德鲁克相信，组织的存在意义并不仅仅为了满足顾客或受益者的需求和创造业绩。他把组织存在的意义界定为："组织是一种方法，它让成员对每一个作为个体的人和具有社会性的人都做出贡献，并让他们实现自我。"

这段话记录在德鲁克的著作《管理：任务、责任、实践》的最后一章中。我至今清楚地记得，当我读到书中这句话的时候，胸中涌起了一股暖流。我心想："原来德鲁克在谈管理时，心中是这样想的。"

德鲁克管理学并非教你如何掌握赢利诀窍，而是一种植根于人的自身与幸福的管理学。所以，世界上怀着赤诚之心的人们都被德鲁克管理学深深地吸引，通过学以致用，组织内外的很多人都获得了幸福。

德鲁克通过简明地列出要点，将看似复杂的事物进行了梳理和总结。然而，德鲁克在著作里提到，有两个问题是他很难回答的：

（1）界定公司的事业
（2）了解自身的长处

我想，"界定公司的事业"并不只是对总经理说的话。可以说，对于一个组织的领导者来说，要定义其所领导的组织的目的和使命是非常困难的。其原因正如我在前文中所说的，那家扭亏为盈的客户公司设立"客户洽谈室"的事例告诉我们：领导者如何定义其所领导的组织的目的和使命，会极大影响到组织成员的工作内容、工作意义和积极性。

透彻地理解组织使命，既是领导者工作的起点，也会决定组织所有成员的工作。所以，我们一定要经过充分思考，再去界定组织的目的与使命。

"了解自身的长处"是非常困难的，这一点本书中已经详细地阐述了。要准确、客观地认识自己并不是一件容易的事情。

那么，这两个问题有何共通之处？那就是古今中外，人们一直在问自己的一个问题：我是谁？

我常常感叹，世界上有人给我们制造汽车，有人给我们煮好拉面。很多人都在自己的岗位上为社会做出了贡献。靠着这些人，我们才能过上幸福的生活。

那么，我们难道单方面从别人的奉献中受益，只有自己一个人是幸福的，这样就足够了吗？当然不行。德鲁克于2005年逝世，他有这样一句话："在你有生之年，你应当好好打算如何运用自己的长处，如何为社会做出贡献。"

《管理：任务、责任、实践》是德鲁克管理学的集大成之作，其原著的副标题"Tasks, Responsibilities, Practices"被译为"任务、责任、实践"。

当我在阅读《管理：任务、责任、实践》之前看到这个副标题的时候，我很纳闷：明明是一本有关管理学的书籍，为什么会起一个如此不相称的副标题呢？读完这本书后，我便明白了，相信你也如此。

一切组织都有任务（tasks）。管理的工作，就是承担起完成任务的责任（responsibilities），并通过具体的实践（practices）来取得成效、做出贡献。

后　记

感谢你阅读到最后。对于"管理要做什么",你是否已经整理好了答案?

如果你是以小组形式来阅读这本书,并且今后也想继续开展这种小组活动的话,那么希望你可以尝试一下定期集结小组成员这种方式。相信借由此书所组成的小组,将是组员们人生中一笔珍贵的财富。

另外,如果你在人事和培训部门工作,并且希望把本书的内容运用到公司内部的管理中去,那么就请人事和培训部门牵头,组成3~4人团队开展活动。届时,请尽量把相同职位的人分到一个组。如果你希望将这本书的内容推广到整个组织,那么就需要有一个协调人。

或许有些读者读了这本书会感到:"这本书没什么了不起,只是写了一些理所当然的事而已。"是的,德鲁克管理学汇集的是人们习以为常的事情,即世间万物的本质。德鲁克将其描述为"principle"。通常,这个词被译成"原理""原则"和"本质",我采用的是"本质"这种说法。

我们正处于一个巨变的时代。然而,不管时代如何变迁，事物的本质都是恒常不变的。正是由于时代在剧烈动荡，我们才必须把注意力集中在永恒的本质上。德鲁克管理学的特点可以用一个词来概括，即不易流行[1]——既要重视不变的本质，又要结合时代变迁，做出许多调整。

自从工作形式转变为远程办公之后，工作环境发生了很大变化。然而，沟通的实质却没有改变。正是由于远程办公环境缺乏"共同体验"，所以我们需要花更多的时间来相互了解，如对方的期待、信念、价值观、需求和目的等。

近来，我常常听到"JOB型雇用"[2]这个词。"JOB型雇用"形式，它清楚地明确了个人的工作成果和贡献。我认为职业人的工作本该如此。实际上，客户只会为成果付费。这就是职业世界。迄今为止，日本企业对员工的工作流程、付出等各个方面都十分关注。当这样的工作形式变成了远程办公，企业看不到员工的工作流程或付出时，就不得不采用基于成果的评价方式。

然而，即使日本转变为"JOB型雇用"评价制度，过

---

[1] "不易流行"这一理念，出自日本俳句大师松尾芭蕉。"不易"指世易时移亦始终不改的本质；"流行"指跟随时代不断演变的创新。"不易"与"流行"看似矛盾，实则殊途同归。——译者注

[2] JOB型雇用指企业基于岗位职责，雇用员工、安排工作，并根据员工的业绩表现进行评估、给予报酬。——编者注

去那些本质性的顽疾仍然原封不动，例如"无法对一切工作成果都进行定量评估""应该如何保证绩效评估的公平性"等。

对知识劳动者的工作成果进行定量评价，以及对绩效进行公正的评估，都具有一定难度。例如，一个人从前辈那里继承了优质客户资源而取得卓越成效，另一个人在挑战新市场开发中未取得突出成果，此时应该如何进行相对评价？这种问题的难度与过去相比没有什么不同。

其实，本来也不存在什么公正的、能让所有人满意的评价制度。即使这样，领导有时候也要向下属传达他们可能无法接受的评估结果。这种时刻正是对管理者综合能力的一次考验。所以，在日常生活中，领导要注重与下属的交流，建立起一种相互理解和相互信任的关系。

有人说："书里写得都太理想主义了，没有任何实操性。"我认为这是由于你使用本书的方式不对所导致的。德鲁克的书里尤其论述了很多本质，但是这些本质都是要结合实际情况来运用的，因为每名管理者身处的立场和情况不同，下属的能力、特点和价值观也各不相同。我们有义务根据自己的处境或情况，得出每个人自己的答案。但是，如果一个人的行为脱离了本质，他就很难取得丰硕的成果。

德鲁克说，他从自己的经历中得到了三个教训："①

我们要把管理中的一些事情看作基本和原则。②但是，这些基本和原则……都要根据实际情况，灵活运用……。③还有一个极为重要的'但是'。那就是……任何违背了基本与原则的事物，都会在短时间内遭遇失败。"这里的"基本与原则"就是"principle"，即本质。

如果这本书对你有所帮助，那么请你务必将其应用到实际工作中。我想许多读者平时都是博览群书，不断学习的。但有些人把已经看过的书原封不动地放在书架上，什么都不做；还有一些人则是不断地将书上的内容付诸实践。这两种人的差距直接体现在成果上。

我已经多次强调，德鲁克经常说："管理学与其他学科完全不同。如果不付诸实践，管理学便没有意义。"他说："要而言之，管理就是一种实践。其本质不在于知，而在于行。"

此外，在实际工作中，哪怕用命令的方式也好，请你让下属读一读这本书，并和他们共同探讨。这是因为，如果只有你了解了德鲁克管理学，而你身边的人对此一窍不通，那么想要运用德鲁克管理学取得成效就是一件很困难的事。假如你是公司里唯一学过德鲁克管理学并且打算把它付诸实践的人，那么下属可能会说："我们的领导好像已经被德鲁克管理学洗脑了！"

需要阅读这本书的不只有你和你的下属，至少你还要请你的直属领导也看一看这本书。如果抛开这个环节就找到领导，并告诉他"我的责任与义务就是发挥你的优势，保护你的弱点"这句话，你的领导可能会感到莫名其妙。

从你自身出发，至少要在"下属－你－领导"之间确立一个共同的目的、目标与价值观。在本书第一章中，我谈到了客户走出低谷的经历。他们取得成功的一个重要原因是：所有的雇员，包括总经理，都了解德鲁克管理学，并将其作为组织的共同价值观来践行。

如果你想要更深入地来了解德鲁克管理学，我觉得最好读一读德鲁克的原著，而且最好是英文版本。你也可以使用本书进行查询，以便在原书或原著中确认自己在看书时感兴趣的地方。

从古至今，无数学者和管理者都受到了德鲁克的影响。写下《从优秀到卓越》（Good to Great）的吉姆·柯林斯（Jim Collins）就是推崇德鲁克管理学的学者之一。

吉姆·柯林斯为了撰写《从优秀到卓越》，对美国多家一流企业开展了调研。他说："在通用电气、强生、宝洁、惠普、默克、摩托罗拉公司的发展期，必然有德鲁克的影子。"他甚至表示，当自己在为该书定书名的时候，曾经想过要不要干脆叫《一切都如德鲁克所说》。

受德鲁克影响的日本管理者也数不胜数：有索尼公司联合创始人盛田昭夫、伊藤洋华堂的创始人伊藤雅俊、欧姆龙公司的创始人立石一真、日本电气公司（NEC）前总经理小林宏治、松下电器公司前总经理中村邦夫等。

我还在前言中列举了近来受到德鲁克影响的知名管理者，例如亚马逊公司创始人杰夫·贝索斯、谷歌公司前首席执行官埃里克·施密特等。

杰夫·贝索斯表示，德鲁克的《管理者的条件》❶（钻石社）为他构想公司未来时提供了框架。埃里克·施密特在著作《谷歌：如何运营》❷（日本经济新闻社）一书中也频繁提到了德鲁克的名字。

为什么像亚马逊、谷歌这样的公司能获得成功？其原因之一就是，这些企业成功地提高了知识劳动者的生产力。为什么这些企业的领导者都会以德鲁克为范本？这是因为，21世纪的最大挑战之一就是提高知识劳动者的生产力。而德鲁克提出了"知识劳动者"这一概念，并致力于从正面解决知识劳动者的生产力问题。

德鲁克说："20世纪人类最伟大的成果，就是将制造业体力劳动的生产力提高了50倍。在21世纪，我们应当期望的是，把知识劳动者的生产力提高到同等水平。20世纪，企业里最有价值的资产就是生产设备。在21世纪，组

---

❶ 该书的中译本为《卓有成效的管理者》。——编者注
❷ 该书的中译本为《重新定义公司：谷歌是如何运营的》。——编者注

织中最有价值的资产就是知识劳动者和他们的生产力。"

在本书的最后，我想对这些人表达我的感谢。

第一，必须是德鲁克先生。没有德鲁克先生，仅靠我自己的力量是无法总结出管理的本质的。他不但为我提供了管理方面的知识，而且还帮我解答了我上大学时完全找不到答案的难题"我应该如何度过这一生"。德鲁克这样一位了解人们心中痛苦的人，为人们整理归纳了管理的本质，这对于人们来说是一大幸事。

第二，是德鲁克著作的翻译家上田惇生先生。当我开始撰写解读德鲁克管理学的书籍时，也有幸得到他的指导。他说："假如你要写一本解读德鲁克管理学的书，就应该一丝不苟地写。比如用上三个月左右的时间去思考'productive work and worker achieving'（卓有成效的工作与员工）。"今后，我也准备以这样的态度来研究德鲁克管理学。

第三，是本书第一章中带领公司走出低谷的前总经理A（由于一些原因，我无法公布真名）。我曾目睹A谦虚地向前公司的顾问请教，并见证了公司翻天覆地的变化。由此，我开始坚信德鲁克管理学在实际工作中的有效性。A在卸任总经理职位后，与我一同创办杂志，五年来一直致力于母公司的领导人才培养事业。

第四，是日本经济新闻社的吉泽睦先生。十几年前，吉泽睦先生聘请我担任日经商学院的管理培训讲师。后来，在吉泽睦先生的批准下，我才能在首次集中培训中讲授财务报表三表合一的会计学习方法，当时这种方法尚未获得任何人的推荐。我将那一次的会计培训成果整理成了《财务报表三表合一理解法》。

第五，我要感谢的是日本经济新闻社的赤木裕介先生和永野裕章先生。赤木先生为我人生的第一本著作担任编辑。十几年来，赤木先生不断打造爆款图书，成为最佳编辑。我有幸再度请到赤木先生担任本书的编辑，在他的提议下，我将日经商学院的培训内容整理之后写了这本书。

永野先生在赤木先生手下工作，他曾多次建议我执笔写书。此前，我一直没有用他提供的题目写出一本书，因此感到十分愧疚。不过，令人欣喜的是，本书由永野先生担任编辑，而且内容还是来自日本经济新闻社日经商学院的培训，由日本经济新闻社出版发行。

最后，我要向神户制钢所表示感谢。在这本书里，我提到了神户制钢所的数据篡改问题。拿自己在工薪族时期曾经工作的地方来举例，并不是忘恩负义，而是我认为仅列举其他公司的消极案例，而不提及本人以前所在公司的情况，这未免有些不妥。

神户制钢所让我学到了商业的基础知识。我也受到了很多领导、同事、下属的关照。我已经离开公司二十多年了，但仍和大家保持着联系。神户制钢所为我在彼得·德鲁克管理研究生院的学习支付了全部费用。在我离职时，许多领导都对我说："不要把离职放在心上。如果你觉得公司对你有恩的话，那就今后好好报答吧。"我能写下这本书，也得益于神户制钢所的同事的鼎力相助。希望这本书能够让我完成一部分领导和同事对我的寄语。如果允许的话，我很想列出这几位的名字表达感谢，但这里还是不再赘述了。

在此，我谨向本书出版之前所有给予我帮助的人致以诚挚的谢意。

我衷心地希望人们能够通过这本书理解管理的含义，并在实际工作中学以致用，从而带领自己的组织取得卓越成效，助力员工蜕变成长。

国贞克则